# 與世界文壇對話

鄭樹森著

三民叢刊 31

三民書局印行

# 國際文壇極目

## ——讀鄭樹森《與世界文壇對話》誌感

瘂弦

早年，我喜歡讀二、三十年代我國留歐作家翻譯的文學作品，梁宗岱譯的梵樂希名詩〈水仙辭〉，盛澄華譯的紀德散文〈地糧〉，至今猶能整段背誦，印象可謂深刻。除譯作外，我對他們當年與歐陸文學大師之間的交遊、論學記錄，也不勝嚮往：徐志摩的會見曼殊菲爾，梁宗岱、盛成的造訪梵樂希，敬隱漁與羅曼羅蘭的書翰往還，盛澄華與紀德的書房夜談，巴金在塞納河左岸咖啡館與滿座來自世界各國的安那其主義者大談人生理想的種種情景，著實强烈地感染了我年輕時的文學心靈。

不知是因為世界文壇巨擘的消失（有人說這是一個沒有大師的時代），還是因為文學風尚的改變，晚近的我國留學生或旅外作家之中，雖不乏俊偉之士，且治學、寫作的成績與上一代相比有過之而無不及，但像當年留歐作家那樣懷著文化使者的心情，間關萬里走訪天下名士，與他們結下翰墨因緣、詩酒唱和的風氣，好像沒有早年那麼盛了。而對西方重量級作家作品的翻譯和論述，也改由國內一些翻譯工作者來接替。我對這種風氣的更易不敢說是好是壞，只是有些悵然：如果身居域外只顧「閉門煉丹」，而與僑居地重要文人鮮少往來，其留學、「駐外」的意義是不是顯得侷限？作為一個中國學者、作家，透過與彼邦文人的相識與相知，一方面放射我們的文化光熱，一方面也可以藉著心靈的交會、激盪，相互發明。所謂心儀神馳、惺惺相惜，應是文林生活最最美好的經驗！

近二十年來，美國愛荷華大學的「國際作家工作室」是中外作家交流的大本營，所產生的影響既深且廣，但是相關作品翻譯及訪談記錄似乎也並不很多。吳魯芹先生晚年曾有《英美文學十六家》之作，是規模較大的訪問記，可是由於寫書的當時，吳魯老已年逾七十，精神體力所限，難免有些缺漏，不過，整體說來已屬難得。

我們很高興有鄭樹森這樣的學者，長期的從事國際文壇大師級作家的翻譯訪談，他的工作方式和著述風格，堪與二、三十年代留歐作家的精神相呼應。由於他深厚的文學素養，豐富的專業知識，精湛的語文條件，加上他為人的親和，在國際文壇上有極為豐沛的人脈，很多世界的重要作家都跟他有所交往，說他「與世界文壇對話」一點也不是誇張之辭。作為一個世界文壇的瞭望者，他的視域（vision）是遼闊的、宏大的，在他的平原極目之下，我們看到的是一個整體的世界文學風景，而且由於他對被訪者慧眼獨具的選擇，切中肯綮的發問，深入的介紹分析，使我們接觸到世界文壇作家們最真實的心靈面貌。嚴謹的翻譯，有計畫的訪談，深入的評論，使鄭樹森的作品顯示出一種深度與廣度，其規模早已超過梁宗岱、盛澄華、巴金等前輩作家了。就以本書為例，他訪談論述的範圍就包括德國、波蘭、捷克、匈牙利、羅馬尼亞、保加利亞、立陶宛、蘇聯、義大利、拉丁美洲、中東、南非、日本、美國十多個國家和地區，像這樣的大手筆，在外國文壇通常不是一個人的精力、時間所能完成，像《巴黎評論》（Paris Review）著名的作家訪問記，卽是集體創作且經過很長時間才形成的成果，鄭樹森單槍匹馬完成這麼大的工程，其辛勞可想而知，這種工作精神，令人佩服。

我與樹森認識很早，遠在他在政大唸書的時候，我們就在尉天驄的介紹之下論交，一晃，也快二十五年了，我這二十多年全副精神幾乎都奉獻在報刊編輯事業上，而樹森的翻譯評論多半發表在我編的刊物上，他是作者，我是編者，二人配合無間創造佳績無數，堪稱「最佳拍檔」，也是外人眼中的「同夥」「死黨」。鄭樹森政大快畢業時第一個專欄「風向球」，就開始在一九七〇年元月第三十二卷第一期的《幼獅文藝》上。「風向球」可以說是一座文學的氣象臺，最主要的目的是引進不同的文學空氣，隨時收聽國外文學的最新消息，使讀者知道現代文學的風朝哪兒吹，以及這風向對我國文壇可能產生的意義。在那個專欄裏，鄭樹森介紹了貝克特的小說、加拿大的現代文學、莫洛傑的荒誕劇、威廉・高定的《蒼蠅王》以及當時剛剛冒出頭來的「反小說」的新小說，這一系列的文章對當時的文壇產生了相當大的影響。

一九七七年十月我接《聯副》編務，首先把樹森這枝快筆請來穩住陣脚。鄭樹森對《聯副》最大的貢獻在「世界文壇望遠」、「與世界文壇對話」、「國際文壇快訊」三個專欄，由於他的參與，把《聯副》對世界文學的報導工作推進到更高的層次。他雖然是學文學出身，但具有專業報人靈敏的新聞感，他每年所做的諾貝爾文學專題報導，不但閃電般的快速、機動，更重要的是具有豐富的內容，這些報導卽使是跟世界上最重要的媒體如美國《紐約時報》、英國《泰晤士報》相比，也不遜色。通常諾貝爾文學獎是在臺北時間晚上八點多鐘宣佈，有好多次鄭樹森在短短的幾個小時之內，卽寫出一個整版的報導，其中包括得獎者獲獎的原因和內幕，生平介紹、作品選譯和與得獎人的電話訪談，最困難的是訪談一項，通常一個得獎者的名字一經宣佈，當事者馬上會被全世界的媒體包圍，鄭樹森却能够利用高度智慧，衝破重圍訪問到新聞對象，這種高難度的工作，卽使是專業記者也難完成。

在臺灣，一提到諾貝爾文學獎，大家就會想到鄭樹森，他所創造的記錄，過去沒有人做到過，卽使未來若干年，恐怕也很難有人打破。除〈聯副〉外，鄭樹森在《聯合文學》所主持的「國際文壇熱線」也最為文壇所稱道，每期他所策劃的專題，總是《聯文》內容的主力部份。另外，他所主編的《現代中國小說選》和《現代中國詩選》（與楊牧合編）各兩大卷，也給出版界樹立新的編書標準，他的這些業績與我平日的編輯工作直接間接也都有些關係，所以我最能瞭解他工作的嚴謹與認真。

我和樹森的友誼，可以說完全是建立在對文學的信仰和工作上，每次見面幾乎都是在談文學和編務，連彼此生活上的瑣事也很少提及，至於與圈內朋友窩在一起聚飲閒聊，「言不及義」，更是少之又少，我感覺他這個人好像是為文學而生，除了敬謹嚴肅的工作，幾乎一無所求。我這名「老編」在文壇「行走」幾十年，閱人無數，還很少看到像鄭樹森這樣熱愛工作的人。他是一個異數，一個傳奇。

在西方有關於獨角獸（unicorn）的神話，傳說中獨角獸的形象是一匹白色駿馬，頭上生著尖角，極少出現，偶然（也許一百年才出現一次？）會在地平線或海原上飛奔而過，據說祇有有福氣的人才看得到牠。我心裏這麼想：等到有一天，我在編輯陣線上退休了，我要送給鄭樹森一件水晶玻璃的小禮物，感謝他這些年來在我編輯工作上給我的協助，也藉此紀念我們共同走過的歲月，這件小禮物是：獨角獸！

# 目次

# 德國

# 當代德語小說風貌

## ——漢思・布克訪談錄

漢思・克利斯朵夫・布克（Hans Christoph Buch），當代西德著名小說家，一九四四年出生，十九歲時獲邀加入德國戰後影響最大的文學團體「四七社」。一九六六年出版第一本短篇小說集；一九六七年訪問愛奧華，因而結識當年分別來自臺港的詩人瘂弦和戴天。布克先後著有四本短篇小說集、一本長篇小說、三本散文集、兩本遊記、兩本札記和一本研究詩與畫關係的專論；另編有一本文藝社會學論文集，並與華裔友人合譯魯迅文集。這個訪問一九八八年二月刊出。

### 從零點出發

鄭：這個訪談的主要目標，是向中國讀者介紹當代德語小說的流變。第二次世界大戰後，德國文壇有所謂「廢墟文學」的興起，要不要從這裏開始談？

布：對兩個德國來說，當代文學的發展和二次大戰息息相關。這場戰爭不但分裂德國，將德國弄成廢墟，也使德國淪爲文化荒原。因爲，太多著名作家和文化人在納粹黨瘋狂的時候流亡外國。從比較激進的戲劇大師布萊希特（Bertolt Brecht），到相當保守的小說家湯馬斯・曼（Thomas Mann），都在高壓下亡命海外。思想家如馬庫色(Herbert Marcuse)、阿當諾（Theodor Adorno)等「法蘭克福」學派大將，都避居美國。十二年的納粹鎮壓，加上大量的焚書，這些作家都被封殺了；即使老一輩的讀者也逐漸忘記他們。此外就是「內在流放」。在納粹時期，有不少作家保持沉默，不發表作品；另一些則實行「自律」，自我審查，在納粹條框內喘息；還有一些則寫些和政治無關的東西。因此，一九四五年實在是「從零點出發」。外流作家大多數還要幾年才開始回來，例如布萊希特。有些就定居外國，例如一九八一年獲諾貝爾文學獎的卡內提（Elias Canetti）。另一方面，戰後的德國人民對文學異常飢渴，要塡補長久的空白。所以，在戰後的廢墟上，小劇場和小雜誌紛紛湧現。但在盟軍的統治下，實施文化檢查制度，本來是要防範納粹主義陰魂不散，但執行上有偏差，效果很歧異。有些老納粹黨文化人，利用個人關係，倒和盟軍合作愉快。另外一些作家因爲比較不妥協，或是左翼色彩比較鮮明，反倒重蹈羅網。

一九四七年是相當重要的一年。這一年《明鏡周刊》創刊，以美國的《時代周刊》爲藍本。同一年有一羣年輕作家創辦一份刊物，叫《吶喊》，但被盟軍文化單位查封。因此，這一羣年輕作家就用小型聚會替代，互相誦讀作品。這個經驗促成了「四七社」(Gruppe 47)的成立。這其實是歷史的反諷，如果沒有查禁，也就沒有四七文學社了。

## 四七社

「四七社」每年都有一兩個聚會，持續了二十年，到一九六七年才解體。「四七社」沒有宣言，祇是一羣志同道合的朋友的聚會。年輕一代的作家後來也陸續參加，成爲「四七社」的新血，例如我自己就是後期才加入的。「四七社」的重要性，祇要舉幾個名字就可以說明了。例如海里希・波爾（Heinrich Böll）、君特・葛拉斯（Günter Grass）、馬丁・瓦爾瑟（Martin Walser）、彼德・魏斯（Peter Weiss）和不少較爲年輕的作家，不但成爲戰後德國文壇的代表人物，他們的小說也蜚聲國際，廣受注意。「四七社」一直努力保持文學俱樂部的味道，也可以說是一種文學「沙龍」。大家可以討論，甚至激辯文學問題。

在五十年代，「四七社」並沒有馬上成爲主流，一直都以外圍團體面貌出現。「四七社」當時也不受當局歡迎，因爲在一些聚會作家會起草公開聲明，批評或譴責政府的政策；例如一九五六年的重建軍備，或是完全查禁共產黨等政策。「四七社」並不同情共產黨，有些社員後來甚至被德共迫害，但認爲共產黨也應該可以參加聯邦德國(西德)的議會選舉。「四七社」也喜歡談人權，那個時候不像現在，並不是什麼「熱門話題」。「四七社」在政治意識上是反法西斯的，也是自由主義的，但不是共產黨的團體，雖然後來的一些成員思想上有社會主義或「新左翼」的色彩：「四七社」基本上對各種意識型態都有保留、都有懷疑；而社員既有目睹史達林主義的，也有經歷納粹主義的。所以，這個社團的凝聚力是大家對文學的熱愛和創新的要求，而不是什麼意識型態。

鄭：你是什麼時候加入「四七社」？現在所謂後期和前期有什麼不同？

布：我加入的時候，不少早期成員已成爲當代德語文學的世界代表了。我那時才十九歲（一九六三年），剛發表一些短篇小說。成名的社員看過我的作品，正式邀請我參加聚會，朗誦我的作品，我也因此認識了當時的重要作家，後來更成爲不少人的好朋友。所謂早期和後期，其實不難分辨。早期成員都是在二次大戰前就出生，絕大多數都有戰爭經歷，文學生涯則始自四十年代末期和五十年代初；我這一代就是後期。我們都是戰爭快結束時才出生，沒有戰爭經歷，但也都堅決反對德國走回軍國主義的舊路。在六十年代上半成長的作家，藝術上都比較自覺，注重形式和技巧，內容和主題的重要性相對減輕，這和波爾及葛拉斯等人的成名作都是戰爭經驗的探討反省，很不一樣。我們這一輩的刺激多來自卡夫卡或較早的現代主義，反倒不是波爾和葛拉斯，有點像隔代遺傳。當時我們這一代追求的不再是單純的反映現實，而是對語言及形式的自覺思考和摸索。因此，有些批評家就認爲我們這一代那時的作品太過形式主義，不夠介入，缺乏關懷。我們算是戰後崛起的第二代。「四七社」解散後，七十年代冒頭的，算是第三代。

## 一九六八年的意義

鄭：六十年代是西方前衛藝術的第二個高峰。但法國和義大利等地的前衛實驗，到了一九六八年的學生運動和社會運動，就完全脫軌，甚至就此告終。聯邦德國的情形是否相倣？

布：也是這樣。一九六八年的學運完全改變了整個德國的文化面貌。一九六六年至六八年的經濟衰退，是西德戰後第一個重大的經濟危機，粉碎了所謂持續繁榮的神話，也粉碎了社會矛盾已經消失的神話，而長期執政的阿登諾政府終在一九六八年的風暴崩潰。當時的文化界普遍受越戰和反越戰抗議的影響。新成立的學生團體有如雨後春筍，而且很激進；大學校園相當混亂，各式各樣的抗議無日無之。這些非暴力、和平的抗議旣針對美國，但同時直指當時的國內形勢，是德國戰後的全面反省。當時的年輕人是第一次全面檢討父母和祖父母建造的世界，並追究德國納粹主義陰魂不散的原因；跟着，很自然地，大家都想知道，納粹主義何以能在德國興勃得勢？這個五十年代不少「四七社」成員一再詰難的「尷尬」問題，終於衝出文學界，成爲一整代青年人的重大關懷。這個運動影響鉅大，最顯著的成果是，通過這場廣闊的反省，一個向來保守和威權籠罩的社會終於瓦解，代之而起的是比較開放和兼容並蓄的社會。

當時的作家關心的是：創作的目標是什麼？爲什麼寫作？寫給誰看？文學能否改變社會？如何用文學來改變社會？文學是否祇是消閒活動？也許這些問題早在戰後初期就該思考了，但那個時期重新建設是最迫切的任務，大概沒有閒暇來想這些問題。而在整個文化界，一九六八年的學運迸發出另一個思想運動，也就是馬克思主義的重識和重闡。這個被納粹黨和戰後的保守主義及冷戰局勢中斷的德國思想傳統，一時從者甚衆，成爲顯學。這裏所說的當然是「新馬克思主義」，而不是列寧主義和托洛茨基主義，更不是史達林主義。當時很多年輕人都透過這個新觀點來重新理解戰後的德國。我自己就是在那種環境中發現了魯迅，後來還和一位旅德中國友人合譯了一冊魯迅文集。今日回顧，那個時候不少年輕作家的作品是不成熟的，甚或是另一種「脫離現實」，是過度狂熱的產品；但對整個社會建制，這場運動和不少作家的努力，是最徹底的思考反省。不過，歷史往往是反諷的。這場運動並沒有導致社會革命，反倒使戰後的德國社會突然朝氣蓬勃、生機旺盛。原有的建制逐步吸收來自這場運動的挑戰，最後成功地轉變本身的體質，更爲有力地生存下去。這些改變，在日常生活及人際關係（例如兩性關係和師生關係），都相當顯著。戰前及納粹時期的德國社會，是非常集中、強調服從、甚至軍事化的威權社會。這個內在性格終於被「反權威」的學運完全改變。

## 希望淪爲夢魘

鄭：具體而言，這場運動對文學創作有什麼影響？

布：剛才提到的一些問題，文學界熱烈爭論。這是最明顯的影響，也就是對文學的本質及功用全面思考。也有些作家乾脆放棄文學，直接投入政治活動；但對創作來說，這是個死胡同。還有一些作家則試圖將六十年代前期的藝術探索，和六十年代後期的社會關懷，在作品裏結合。一九四〇年出生的小說家彼德・施奈德（Peter Schneider）和我都嘗試過這條道路；我們希望能夠不犧牲藝術質素，又同時蘊含社會關懷和政治覺醒。這個辯證的構思來自對馬克思的新理解，而和所謂正統的馬克思主義大相逕庭。六八年學運以後，西德不少文化人，包括我和許多朋友，對中國大陸「文化大革命」和越南戰爭，都有很深的誤解和幻想；以爲前者是自動自發、抗拒正統共產政權「新階級化」的羣衆運動，而後者則是弱小民族抗拒西方帝國主義的反侵略戰爭。這些錯覺後來在七十年代逐步被歷史發展匡正。越共勝利後，「南解陣線」被迫解散，領導人物和不少民主進步人士慘受迫害，後來更有大家熟知的「船民流亡潮」。柬埔寨變色竟然導致滅族大屠殺，更是「立刻進入社會主義」的最大悲劇。而「四人幫」的垮臺，讓我們知道「文革」的浩刼和眞相。這幾個歷史轉折使六八年的一代非常幻滅，重新思考自己的立場和運動的意義。我們發現，其實我們的熱情和當時的現實並無關聯，祇是將西方的想法、西方的幻象、西方的理想和希望，寄託及投射到截然不同而又甚難深刻理解的文化與社會。結果，希望淪爲夢魘。

這些眞相和發現，也陸續在創作上激發一些新主題和新方向。例如東德戲劇家漢納・穆勒(Heiner Müller)，就以嶄新的形式，剖析史達林主義及其東德翻版、探討社會主義在東歐的變質、詰問「解放」何以墮爲「壓迫」。自七十年代末至今，另有一些作家的題材重心則移向個人生活和個人關係。但這種「個人化」路線並不等於「非政治化」，而往往是通過個人的糾葛，突顯某些問題或大是大非，也可以說是用個體的觀點來考察大問題。例如有幾位作家的父親都曾在納粹體系工作，年輕一代如何面對和處理這個上一輩的歷史問題，就成爲作品重心；個人的家庭關係和生活，似乎變成一些作家探討社會政治問題的背景。此外，和政治幻滅無關，但肯定源自六八年學運的，是近十多年來女性主義文學的興起。在女性主義小說裏，「性」和「性別差異」如何被家庭、社會、宗教和文化傳統所界定和規範，成爲探討核心。在這方面，最重要的作家是東德的克麗絲塔・沃爾夫（Christa Wolf）。她的剖析和呈現問題的方式，遠高於西德女性主義作家。也許這是因爲在東德，女性主義並不是黨所重視的；事實上，東德社會的女男地位和女男關係，幾乎可以說是完全沒變，還是舊日德國的那一套，雖然這個事實和共黨的意識型態互爲扞格。這個背景令沃爾夫對父權社會和男性沙文主義的挑戰與策略，非常有意義及有特色。在西德，女性主義是文化風尚，有時也被「商品化」包裝。

## 東德作家的困境

鄭：民主德國（東德）的文學發展有什麼特點？和聯邦德國有何差異？

布：五十年代東德文化機構大力宣揚「社會主義現實主義」，是官方的寫作模式，這和東歐國家大同小異。而德國的納粹罪行，也使所有手法不同和角度迴異、但批判法西斯的作品，能夠有較大的發揮空間。長期以來，東德官方閉關自守，假裝東德文學是與西德無關的。其實兩德是無法隔絕的。柏林是雙方接觸最多的地點，至今仍是全德國的文化首都。

至於東德作家的流放，七十年代人數最多。流亡的主要原因不外政府找麻煩或不滿檢查制度。有些是受不了，自願離開；另一些是被迫離開。流亡後如果不住在西柏林，通常也都住在西德，沒有到其他國家的。對東德作家而言，流亡並不是離開自己國土和文化，因此沒有很大的適應問題。同文同種到底容易得多。大多數移居西德的作家都不認為自己是什麼「離心分子」。而且，很令一般人驚訝的是，有很多作家雖然不滿東德的檢查制度和社會體系，但對廣義的、原來的馬克思主義及其理想，仍然同情，甚至繼續認同。也許這是因為不少東德作家依舊認為，社會主義還是對抗納粹主義及其殘餘的另一出路，而在戰前，長期和納粹黨鬪爭、從不妥協的都是社會主義的信徒。然而，東德沒有言論自由，因此作家不是自己走，就是被迫走，甚至被勸走，因為東德官方有時也不想繼續和作家對抗，就叫作家申請出國。

鄭：既然這樣，爲什麼柏林還得建圍牆？

布：一般老百姓是不准走的，但有點名氣的作家或藝術家，後來都可以獲准離開。這是東德政府比較寬鬆的一面。主要是東德政府要避免傳播媒介的反面形象，也不想喧囂國際。現在隨意計算一下，過去十年先後移居西德的作家、作曲家和其他藝術家，起碼有四、五十人。他們都是今日西德文化界菁英，有些還是領導人物。不少西德作家和評論家都認爲，這些東德作家不一定才情特高，但都別具一格，相當吸引人。也許因爲他們從小接受共產主義思想教育，但後來又看出意識形態與社會現實之間的矛盾，因此觀察事物時有另一種角度和體會。此外，也許在東德的檢查制度下，文字突然重要起來，力量似乎大多了，因此他們在文字上特別敏銳。在東德，文學不但是情治單位嚴密監視，普通讀者也認眞閱讀，追尋弦外之音。因此，寫作和閱讀，在這種環境下，都非常自覺，特別細緻。文字及其呈現方式都突然重要起來，這和西德很不一樣。西德是極爲自由的，作家可以是女性主義者，也可以是極端的「毛派」，或是同性戀者，甚至三樣都是，而社會上不會有什麼人干涉理睬。因爲在一個高度商品化、消費主義至上的社會，這類立場分辨已經無關重要，甚至可能是某個時刻的文化時髦、文化「商品」。雖然有不少東德優秀作家移居西德，但沃爾夫的小說和穆勒的戲劇，無疑是七十年代以來德語文學的異彩，很值得介紹。

## 奧地利的傳統

鄭：東德之外，奧地利的德語文學在戰後的發展情況如何？

布：奧地利的情況很不一樣，雖然大家都是用德文寫作。奧地利在戰後是保持中立的，既非華沙公約集團，又不屬北大西洋公約，甚至不是歐洲共同市場的成員。奧地利夾在西歐和東歐之間，一方面保持中立，另一方面也努力製造「世外桃源」的形象。在戰後，奧地利突然變成一個小國。過去曾經是顯赫一時的奧匈帝國，現在則在夾縫中生存；這種轉變也需要心理調整。

奧匈帝國時期，前衛實驗是奧國德語文學的輝煌成就。如卡夫卡、穆齊爾（Robert Musil）和布洛赫（Hermann Broch）等。這個前衛傳統，在德國文壇影響深遠。在戰後，雖然有不少奧國作家探討納粹主義的傷痕和陰影，但到底祇是「從犯」，沒有德國作家那麼鍥而不捨，也沒有那麼政治化。再加上原來的前衛傳統，比較有成就的作家似乎都致力於語言和形式的實驗，並以此見知於國際文壇。彼德・漢特克（Peter

Handke) 和湯馬斯・貝恩哈特（Thomas Bernhard）兩位名家都是前衞派的頂尖人物，也是當代德語的高手。這兩位作家不但作品精神非常「孤寂」，現實生活裏也是如此，活得像中國的隱士。他們除了自我孤立，對當代文壇的時尚潮流也很懷疑，一向我行我素。他們的小說幾乎完全是語言的錘鍊和探索，內容一貫內心化，內心世界是重點所在。但這種內心化也可視爲藝術家對外在社會的蔑視，尤其是一個崇尚物質消費的中產階級社會。這或可說是極端內心化的社會基礎。相形之下，他們就和君特・葛拉斯截然迥異，後者非常介入，甚至一度投身政黨活動。

### 瑞士德語文學

鄭：瑞士是多語系國家，但瑞士的德語文學，戰後也很興旺，出了幾位國際馳名的作家，和德國的德語文學有什麼差異？

布：瑞士的德語文學自成一格，和德國本土的文學若即若離。廸倫馬特（Friedrich Dürrenmatt）和弗里施（Max Frisch）是最早蜚聲國際的瑞士德語作家。前者最早以戲劇揚名，頗受荒誕劇和布萊希特的「史詩劇場」影響；中短篇小說也很有名，偵探類型最爲擅長。不過，他近年來的聲譽好像大不如前，弗里施反倒日受重視。弗里施也是兼擅小說和戲劇。小說對現代社會的異化、個人身分的喪失等帶有存在主義色彩的主題，特別關心。弗里施的小說成就要比迪倫馬特高出很多，但在開創性似又不如奧地利的兩位名家。

鄭：奧地利的貝恩哈特也有不少劇作，似乎名氣也不下於小說。還有一位也是小說和戲劇雙棲的瑞典籍猶裔作家彼德・魏斯（Peter Weiss），國際影響也很大，尤其是他的名劇《馬哈／薩特》。他雖然因戰亂入籍瑞典，但向來都被視爲德國文壇的重要人物，他今天的地位如何？

布：很高與你特別提出魏斯，因爲他的作品，不管是戲劇或小說，對我們這一羣屬於戰後第二代的德國作家，都很有啓發，要比葛拉斯還重要；我們都很着迷於他的作品。他的作品實驗性特強，但同時也是他的自我探討；在摸索語言極限的同時，他的作品也隱含批判性。這種實驗性、政治傾向性和自傳色彩的結合，相當獨特。他最後一部小說《反抗的美學》（一九七五年——七八年），不論質量，都是鉅著。這部小說的訊息是：藝術是唯一超越、提昇現實的途徑，也是人類困境的安慰；而對所有「非人化」的社會，藝術是一種反抗。魏斯是艱深但卓越、堅忍但困頓的藝術家。一九六四年的《馬哈／薩特》早已成爲德語文學的世界代表。

# 柏林圍牆破裂後

## ——訪兩位柏林作家

### ㈠原東德

漢思・謝特理斯（Hans Joachim Schädlich），一九三五年出生的德國作家。一九七七年之前住在東德；一九七七年被東德政府放逐。自東柏林移居西柏林後曾出版長、短篇小說六種。近年來作品開始受國際文壇重視，長篇小說已有英譯，短篇小說近曾出版波蘭文選本。本文一九八九年十一月十四日刊出。

問：十一月九日東德宣佈開放邊界以來，有沒有和東柏林的親戚朋友聯絡或見面？

答：我的大兒子出生在一九六〇年。我在一九七七年離開後就沒有見過他，那時他十七歲。他一直住在東柏林，昨天他第一次進入西柏林，而且就來到我的家，我們在西柏林的家，和我們團聚。他今年已經二十九歲。對我來說，昨天是情緒非常激動的一天。另外就是有好些首次來西柏林的東柏林朋友，突然在昨天自西柏林撥電話給我，和我談天。這些朋友都是一九七七年後就沒有聯絡過的。大家的激動可想而知。

**會隨人羣進入東柏林一小時**

問：你自己有沒有趁這個機會回去東柏林？

答：我是不能去的，因爲東德政府不給我簽證。我曾經問過，但沒批准。但在十一月九日圍牆開放的那天，我跑去邊界，由於兩邊人民雲集，邊界已經失去控制，我隨着人羣流動，進入東柏林一個小時。十一月十日的晚上也是這樣，在喜氣洋洋，像在過節的羣衆中，我又進入東柏林一次。但昨天（十一日），警察又開始有效控制邊界，西柏林的人民進東柏林又要有簽證了。明天（十三日）我會去東德在西柏林的辦事處申請，看看能否拿到，也看看我現在的身分情況。目前的情形很奇怪，東德人民可以自由進入西德，但西德人民需要東德簽證才能過去。

**應讓住在西德的原東德作家出書**

問：你認爲目前的轉變對兩德的文學界會有什麼影響？兩德的文學是否會加強交流、關係密切起來？

答：對文學界來說，影響也許言之尙早。首先，東德政權得廢止對文學的審查制度。但到今天（十二號），還沒有聽到任何廢除文學審查制度的宣布。新聞自由這個籠統的原則已經聽到了。但東德的文學審查一向很嚴，所以這點很重要。我認爲，東德的第一步，是先讓目前住在西德的原東德作家的作品正式出版。我一向認爲，德國表面上是有兩個，但德國文學祇有一個。當然，兩邊的作家在題材和表達手法上是有差異，但這些都不重要。而且，東德作家的作品經常在西德出版，不少西德作家的作品也選擇性地在東德印行。如果東德日益開放，兩邊作家的距離是會很快縮短的。

## 小說創作全在西德面世

問：你離開東德後，有沒有在東德出過書？

答：沒有。今年十月，我的西德出版人曾經打聽過，但答案是目前還不可以。情況不明朗。

問：但嚴格來說，你當年在東德其實也沒犯什麼大「過失」，現在爲什麼還要禁制？

答：我當年被指控爲「國家的公敵」，是因爲我沒經批准，在西德出版一本收有二十五則短篇的小說集。因爲我人在東德但在西德出書，我就被控和被迫流放。我在東德祇出版過三本書，都是語言學研究，不是創作。我的小說創作，全是在西德面世的。

問：你對目前東德政府的各種承諾，例如新聞自由、全面直接選舉等，有沒有信心？

答：這得看東德人民了。自由和開放的羣衆要求能夠堅持，就有希望。

## ㈡原西德

漢思・克利斯朵夫・布克(Hans Christoph Buch) 西柏林著名作家，一九四四年生。十九歲時獲邀加入德國戰後影響最大的文學團體「四七社」。一九六六年出版第一本短篇小說集。著作共有一本長篇小說，四本短篇小說，三本散文，兩本遊記和一本詩畫關係專論。多年前曾與西柏林作家組團訪問中國大陸，並曾與華裔友人合譯魯迅文集。

問：你對這幾天東德的急劇變化是否很驚訝？

答：是的，但也非常興奮，密切追踪局勢的發展。

## 東德劇作家漢納・穆勒挑戰共黨未受禁制

問：十一月九日東德突然宣布不再限制人民的自由進出，至今已有近百萬人越過「邊境」，進入西德「觀光」；有多少人會停留還不清楚。但在這個官方宣布之後，東德（或許該說是整個德語世界）最有名的女小說家克麗絲塔・沃爾夫向全國呼籲，促請人民冷靜，留在東德。你對沃爾夫的公開發言有什麼看法？

答：沃爾夫和東德政府曾有多次摩擦。但她本來就是體制內改革派，一向都認爲要修正原有體制的，所以她呼籲東德人民留在東德參加改革，我並不驚訝，因爲這和她一貫的立場是一致的。此外，你也知道，東德政府對知識分子，一向是中歐共產國家裏最寬鬆的，而且特別禮遇；除了生活上的照顧，還可以經常出國，甚至住在西柏林。例如國際馳名的戲劇家漢納・穆勒，雖然通過他的前衞劇作，批評和挑戰東德共黨，但東德政權一直容許他自由往來東、西柏林之間，而且在西柏林擁有公寓。這在過去是非常非常難得的「特權」。東德政權這個政策，起碼使到作家和知識分子對政權的壓力沒有那麼大。這當然不是說沒有作家惹上麻煩，或者受到禁制。而且，長期以來，由於東德的窒息氣氛，還是有不少文化人流放西德。不過，祇要和波蘭、匈牙利和捷克相比，東德作家的對抗性就比較低，而且一向都沒有扮演這幾個華沙公約國家裏知識分子的領導角色。如果波蘭和匈牙利的改變是知識分子曾經積極投入和推動的，那麼東德這回的政治大地震就完全是草根的羣衆運動引發的，而不是知識分子長期抗爭的結果。

**西德無法一下子吸納非常大量的東德移民**

問：西德的社會民主黨（按：七十年代執政時推行「東進政策」，與東德建立各種關係和溝通管道）的領導人傅格爾上東德電視，也支持沃爾夫的呼籲，請求人民留在東德。這件事的背景是怎樣的？

答：社會民主黨長期推行的務實政策，對目前所發生的劇變，是有貢獻的。傅格爾的呼籲是可以理解的。因爲在東德共產黨一九四七年間統合東德的民主社會主義的追隨者之前，東德是有社會民主黨的。目前東德共黨內部應該還有一些民主社會主義者。而明年東德眞要舉行自由選舉，原來的東德社民黨是可以重行活動，傅格爾顯然是想恢復這個傳統，因此從他和他的黨的立場出發，是會支持東德的大幅度改革，這樣做和他們一向主張通過民主選舉和議會鬪爭來改革社會，沒有兩樣。此外，傅格爾的講話多少也反應了西德不少人民心裏的疑惑甚至擔憂，害怕西德的經濟體系和社會福利會負擔太大，無法一下子吸納非常大量的東德移民。從這個角度來看，由西德經濟援助東德來進行改革，短期間對西德的壓力也比較輕。

# 波蘭

# 戒嚴前後的波蘭文學

## ——訪詩人巴倫切克

波蘭評論家及詩人巴倫切克（Stanislaw Baranczak），一九四六年出生，一般均視為戰後新生代的重要聲音，也是通稱「一九六八年一代」的主要成員，先後在波蘭出版有六本詩集和四本文學評論；另曾譯介英國玄學詩派、狄倫・湯馬斯及俄國流亡詩人布洛斯基等。一九八一年來美擔任哈佛大學現代波蘭文學教授之前，曾任教波蘭阿當・米基維茲紀念大學，但因領導工運及在作品中干預生活而被解聘，波共政府出版審查局更明令禁止發表他的作品。近著有英文本波蘭詩人賀伯特（Zbignew Herbert）專論及自譯英文詩集。這個訪問一九八八年七月刊出。接續之「再訪」則在巴倫切克十年來首次返國，全國地方選舉時再次進行。一九九〇年五月三十一日刊出。

## 軍事接管與地下文學

問：一九八一年十二月，波蘭在黨政機關的威權和控制幾乎全面崩潰的時候，軍人取得蘇共的支持，接管政府，實行軍管，宣佈戒嚴，成爲共產主義發展史上，第一個共黨軍人獨裁政權。一九八一年以來的文學發展，外界所知不多，能否請你介紹一下？

答：八十年代的文壇情況，要追溯到一九七七年波蘭工運的開始，因爲一九七七年是個重要的分水嶺。自這一年起，地下文學開始蓬勃。及至一九八一年，已經非常興旺。地下文學並不單單是純文學，而有很大量的新聞作品和報告文學。自一九七七年起，波蘭文學就分成三個部分。第一部分是政府批准的官方文學，這種遵命文學一直都是應聲蟲，維持至今，但沒有讀者。第二就是地下文學。第三就是國外的流亡波蘭文學。這三種文學在波蘭同時流通；後二者和官方文學雖然共存，但彼此並不和睦，是形勢使然。

問：後兩種文學之間的關係是怎樣的？有沒有互動？抑或是各自獨立發展？

答：地下文學和流放文學是互相激勵的，而且二者除了作家的所在地，很難截然劃清界限，因爲在國外先行發表的流放文學，通常會回流，再在國內以地下文學面貌出現。同樣，波蘭的地下文學流到國外，就會由流亡出版社印行，甚至出版外文譯本。當然，一般來說，流亡出版社主要是爲國外作家服務，而地下出版社也主要是爲國內作家服務，這是出於實際形勢的必然分工。不過，作品出版後的互相交流和重刊，又是很自然的結果。國內地下出版社的作品大概地下文學和流放文學各佔一半。國外就看個別情況，沒有一定。

**警察沒收出版物**

問：一九八一年軍管後，地上出版都已經相當困難，地下文學豈非更難。除了物質匱乏，還有嚴刑，地下文學是否逐漸消失？

答：是非常艱難。你大概知道，在波蘭文裏，戒嚴和「戰爭狀況」是同義，字面上完全一樣。在「戰爭」初期，出版地下文學，一律判三年或以上的刑期，甚至收藏地下出版物都要判三年。在軍事戒嚴初期，刑罰特別嚴苛，後來就鬆一些。然後是時鬆時緊。近來情況較佳。其實軍政府並不是完全不知道地下出版社的流通管道和負責人，但後來只是不全面鎭壓，不大幅度抓人。不過，一有機會，警察還是逮人和沒收出版物。這樣做可以維持壓力。近一年來似乎沒有過去那麼兇惡。但最近一年半，鎭壓地下文學的辦法又有新發展。目前增加了罰款和沒收財產的辦法。要知道，波蘭的經濟近十年來都很差，人民收入很低，罰款的威嚇力往往大於其他。還有就是沒收汽車。汽車理論上可以用來運載地下文學，因此抓到這類案件，如果事主有汽車，就一併沒收。以波蘭的國民收入，沒收汽車是非常重大的損失，而且以後也買不到了。這是近來的新發展。

問：在這個困難的情況，作家還繼續創作和從事地下流通嗎？

答：一直都沒斷過，而且越來越興旺。其實，軍事戒嚴後，大家對文學的重要性都更爲肯定。在嚴苛的審查制度下，大家對沒有通過審查、非官方的文學，特別關心，而地下文學也因官方文學和審查制度的對照，特別顯著，因爲這是唯一可以說眞話、不作僞的管道。這種認識，是作家和讀者隨着軍事戒嚴的持續，共同發展出來的認識。負責印行地下文學的團體和出版人，也都認識到這種文學的重要性。地下文學其實售價相當高，因爲印製困難，而且印量不可能非常大。但讀者在這麼困難的經濟情形（時常要排隊買一點點日常生活用品），都願意付出高價買地下文學，也就維持了一些出版者、印刷者、作家的實際生活。我們甚至可以說，這些年下來，地下文學的出版和售賣，形成了一個網絡，已演化成一個黑市，一種非官方的「自由市場」。

問：地下文學（包括在波蘭境內出版的流放文學）的讀者多不多？既是不易流通的出版物，讀者是否日漸疲倦而放棄？

答：倒沒有這個情況。而且，奇怪的是，戒嚴越久，讀者越多。長期的鎮壓似乎反倒製造出不少讀者來。也許人民生活的枯燥乏味、物質匱乏形成的排隊和不滿，使到大家更需要一點精神上的調劑。在軍事戒嚴初期，地下出版物有很大量的新聞和政治報導，但後來就變成以文學爲主。其中詩是最受歡迎的。這當然是波蘭文學的傳統。另外就是短篇小說。一般來說，波蘭讀者是很挑剔的。所以，作品的水準都相當高。

問：地下文學在國外的讀者多不多？捷克的「掛鎖文學」在國外就廣泛流傳於捷裔讀者羣。波蘭的情況是否相倣？

答：不很一樣。國外當然有讀者，但主要市場還是在波蘭。也許因爲流亡國外的讀者，要適應西方社會的生活，不少人也要謀生活，而這類書籍來源不易，在餬口的壓力下，反倒不及國內讀者關心。甚至流亡國外的作家，也都是在國內更受重視。而且作家（敢說真話而又有藝術成就的作家）在波蘭人民心中，地位是非常崇高的。

問：不少西方學者指出，當代波蘭文學其實要分成國內和國外兩個部分來討論，而國外流亡作家的文學是當代文學極爲重要的環節。這兩個部份有沒有互動和互相影響？

答：流放作家的文學肯定是很重要的，但所謂國內和國外其實很難劃分淸楚，因爲波蘭讀者通過地下管道，可以看到流放作家的作品，因此國內外並沒有隔絕，有的只是多元性，和不同的風貌。而且，流放文學早已成爲波蘭現代文學的「傳統」，是一個長期存在的現象，因此反而詭異地變成「常態」，國內外的地域界限並不顯著。對讀者來說，最重要的還是作品，只要作家不斷有作品出現和流通，作家實際所在反倒似乎無關重要了。這在詩方面尤爲突顯。有時流放作家也能夠在國內露面，例如詩人米華殊（Czeslaw Milosz）在一九八〇年得到諾貝爾文學獎後，就獲准回國。

### 前衞實驗未曾中斷

問：自五十年代末期到七十年代中葉，波蘭文學一直都維繫一個異常活躍的前衞實驗傳統，而且成績斐然，備受西方文藝界注意，在詩、戲劇和小說方面都有國際名家。這種前衞作風，基本上和「社會主義現實主義」大相逕庭，何以能夠生存這麼久，而且有這麼突出的成就？

答：主要有兩個原因。首先，自一九一八年至四九年，波蘭是個獨立國家。這段時期的文學傳統是本土成長出來的，而不是強加於波蘭的外來模式。這個時期的傳統（包括現代主義）成爲當代文學的源泉和靈感。這個以現代主義爲主流的傳統在同時期的蘇聯並不存在。二十年代蘇聯的現代主義探索，曇花一現，很快就銷聲匿跡，三十年代就是「社會主義現實主義」君臨一切了。這是個很大的差異。其次，在一九五六年之前，政府的控制非常嚴，而且推行「社會主義現實主義」。但一九五六年是個重要的分水嶺。一九五六年之前，「不是朋友就一定是敵人」。一九五六年之後，政府放鬆很多，只要「不是明顯的敵人就都可以交朋友」。一九五六年二月蘇共「二十大」，赫魯曉夫批判史達林，造成很大的震動。同年又發生匈牙利的改革運動。因此波共政府不得不改弦易轍，採取比較容忍的態度。因爲前衞文學比較沒有意識形態的問題，起碼表面衝突沒有那麼大，要遠比銳利的政治批判文學容易對付。大體而言，一九五六年之後，波共政府寧願「藝術出軌」，而不願意看到「政治出軌」。後者不好對付，而且幾乎沒有選擇，一定要鎭壓，倒不如容許作家多作藝術實驗。這種情形後來甚至可說是間接鼓勵了，因爲到底比較上算和安全，政府還可博得「鬆縛」的「美名」。在六、七十年代，波蘭的情形是藝術自由，但政治高壓。

問：你是什麼時候離開波蘭的？是戒嚴之前或之後？

答：我是一九八一年三月離開的，是戒嚴之前。同年十二月戒嚴，我不少朋友被迫離開。我的情形不同，我是正式獲得批准出國講學的。早在一九七八年，哈佛大學就邀請我來美國，我申請了十多次，但都被駁回。一九八一年三月是戒嚴前，相當鬆懈的時間，竟然批准我來美國，我就馬上來。本來以爲三年合約一滿就可以回國的，沒想到一離開就軍事戒嚴，在美國滯留至今。

問：你來美後，作品還能夠在波蘭出版嗎？

答：官方出版社一直不肯出版我的書，甚至以前出版的老書也不重印。只有我的英詩翻譯可以正式出版。不過，我很高興的是，地下出版社不但重印我的舊作，還願意刊行我的新作。

## 官方的與流亡的

問：目前英語世界的讀者對當代波蘭詩的認識，幾乎都是透過米華殊多年前選譯的企鵝版選集。這本選集對青年詩人似乎沒有什麼介紹，是否有評價問題？

答：這本書出版得比較早，所以比較年輕的一代就沒有選收。最主要的遺漏就是「一九六八年」的一代（鄭按：一九六八年三月，波蘭首都及主要城市爆發大規模學生運動，要求校園民主、學生組織團體的自由和政府停止虛假捏造事實；及至一九七〇年十二月，工運爆發，終導致波共政府全面改組。曾投入一九六八年學運的青年作家現皆稱爲一九六八年的一代）。另外就是老詩人的新變化，也沒有適時展示。我目前在英譯的選集，希望能略補不足。我這樣說，並不是什麼批評，只是一些事實。米華殊不但在譯介當代波蘭詩方面有重大貢獻，他和賀伯特更是現代波蘭詩兩大支柱。我們這一代都是從他們的傳承成長的。

問：波蘭的當代小說也有不少名家，西方曾大量譯介。不過，中文讀書界一向所知不多。中國大陸介紹過一些，但以官方作家爲主。如果在篇幅很有限制的情形下，那些小說家是特別值得介紹的？

答：第一位自然是岡布魯維玆（Witold Gombrowicz）。他大概是二十世紀最重要的波蘭作家，也是在世界文壇影響最大的。他的戲劇成就非凡，是西方「荒誕劇場」的先驅，小說也至爲獨特。他在一九六九年去世前，大多數時間流亡國外，但絲毫沒有減低他在國內的影響。

另外就是康維玆基（Tadeusz Konwicki）。他的小說以怪誕、荒謬、超現實、反諷等特色見知於國際文壇，也是目前翻譯得比較多的。第三位是諾瓦柯夫斯基（Marek Nowakowski）。他的作品比較傳統，是現實主義的敍述模式；他在一九八一年十二月

# 充滿憧憬和希望

## ——再訪巴倫切克

問：整個八十年代你都流亡美國，一九九〇年五月是你首次返回波蘭。變化一定很大。籠統而言，印象最深刻、感觸最深的是什麼？

答：青年學生。年輕的一代。二十出頭的大學生。他們的活力和見解都令人吃驚。而且都充滿憧憬和希望。不要忘記，這一代大體上是在軍事戒嚴時期成長的，但顯然他們的生命力並沒有因而枯萎。也許正因爲外在環境這麼艱困，反倒迸發出一種生命的激情。

**詩文集已可公開在波蘭銷售**

問：你對文壇和出版界的印象如何？

答：出版界有兩種情況。原來的國家出版社因爲沒有國家財政支援，要自負盈虧，因此經營上很困難。這些國家出版社都在印行庸俗媚衆的廉價作品，希望吸引另一種讀者。甚至出版一些色情作品，嚴肅的文學都放棄了。目前印行嚴肅的文學的出版社，都是舊日的地下出版社，這些出版社現在都公開活動。由於規模不大，沒有冗員，成本較低，這些出版社都在印行嚴肅和比較有意義的作品。這是出版界唯一令人稍感樂觀的現象。

問：你個人的作品是否都已出版？

答：我在離開波蘭前已經出版過不少詩集和文集。過去十年有一些地下出版社印行我的詩集，因此眞正的文藝界一直都多少知道我的創作情況。最近有一本大型詩集面世，另外也出版了我好幾本翻譯，包括莎士比亞的《哈姆雷特》。現在波蘭完全沒有任何禁制，因此國外的流亡出版社都將過去印行的書籍大量回銷波蘭。我在國外印行的詩集和文集，現在都公開在波蘭銷售，讀者終於可以自由購買我的作品。

**民主政治在波蘭是新鮮事物**

問：你在文藝界朋友很多，從前又從事反對運動，想來回國後一定很忙碌。這幾個星期來對當前文壇有什麼看法？

答：大家都相當樂觀。在寫作方面，則沒有什麼兩樣。現在的新情況、新自由並沒有改變什麼。本來在寫什麼的，或有某個創作計畫的，都照舊進行。因爲，過去十年大家的創作如果不是送去國外發表，就是在國內地下流通，或暫時存放家中，因此創作方面沒有什麼改變，唯一的不同就是現在一切都可以自由公開。

問：作家和知識分子介入政治的情況怎樣？是否和捷克及匈牙利差不多，都是知識分子在從事政治活動？

答：幾乎所有的知識分子都投身政治或介入實務。有些是投入選舉當民意代表，另有一些進入政府從事實際工作，幾乎所有外語能力不錯的知識分子都在不同程度幫助政府運作，我有一些朋友甚至外放去當文化參贊。目前的文化部長是我一位老朋友，從前是劇場總監和導演，現在也做起行政工作。五月底要舉行的地方選舉，也有不少知識分子報名參選。這些候選人都沒有政治經驗，都是第一次從事民主政治。但話說回來，民主政治在波蘭本來就是新鮮事物，大家都沒有經驗。當然，仍有不少作家和知識分子都留守原有崗位，但也在他們的工作單位或環境逐步摸索改革。

## 不少共黨宣傳刊物都已關門

問：剛才提到政府取消對國營出版社的津貼。共黨執政時也大量津貼各種刊物，現在如果都取消，波蘭思想界和文學界豈非沒有發表園地？

答：目前有不少舊刊物都已關門，這些都是共黨的宣傳刊物，政治掛帥的東西，本來也沒人看，因此也不是什麼損失。但有一些相當重要的學術及文化刊物，市場本來不大（例如專門介紹外國文學及其研究的刊物），新政府也瞭解這些刊物的重要性，知道一定要支持這類刊物，因此，仍然維持津貼。也有一些新刊物出現，但都是比較通俗和大衆化的雜誌。

問：共黨支持的舊作家協會是否已經解體？一九八八年成立的「波蘭作家聯會」，本來是對抗性的，現在還存在嗎？

答：這個情況比較複雜。一九八三年由共產黨把持、改組的作家協會這個舊組織仍然存在，當然都是些黨棍子和不入流的作家。優秀的作家、有異議的作家和不少青年作家都是兩年前成立的「波蘭作家聯會」的會員。「聯會」想接管舊「作協」的財產，例如房屋及辦事處等，但沒有法律根據。所以現在可說是有兩個作家團體同時存在，但眞正有代表性的一個反而有財政困難，在開展活動上也有限制。這個滑稽局面尚未能找出一個妥善的解決辦法。

**政權轉移時大家最高興**

問：流亡海外的波蘭作家是否都已回歸？

答：如果你是指回國定居，好像暫時還沒有。但文學界和藝術界流亡海外的重要人物都全部回來居住過一段時間。到底在海外流放太久之後，要馬上回國定居，不是立刻能夠辦到的。以我自己爲例，這次回來之後，還是要回美國，因爲美國有固定的工作，也可以發揮聯絡的功能。當然，今後是會經常回波蘭的，並不單是講學和見朋友，也有感情上的因素。

問：總體而言，波蘭民主革命勝利後，全國的氣氛是否興奮激昂？捷克和東德就幾乎是籠罩在一種節日的氣氛中。

答：我們的情形不同。去年政權轉移時是大家最高興的日子。今年年初由於價格改革，物質匱乏，民衆情緒都異常低落。近來由於價改和經濟改革開始看到一點點成果，大家開始樂觀一些。但總的來說，情緒還是低落。經過十年的戒嚴及抗爭，大家都很疲倦，而對前途又沒有太大的把握。

# 捷克

# 掛鎖文學

## ——杜力驍教授談捷克文壇

一九六八年「布拉格之春」的捷克自由化運動，以蘇軍入侵全面鎮壓告終。隨後不少捷克作家及學者陸續出亡。捷克結構主義著名學者杜力驍（Lubomir Dolezel）教授離開捷克後，移居加拿大，任教多倫多大學。另一位流亡多倫多的著名知識分子是小說家約瑟夫・史高沃歷斯基（Josef Skvorecky）。另一位小說家米蘭・昆德拉（Milan Kundera）則流亡巴黎。本文訪問的杜力驍教授為當代西方敘述學的重要人物，代表作為《捷克小說的敘述模式》。本文一九八八年刊出。

### 地下文學

問：「布拉格之春」後，部分捷克文學家不得不轉入地下發展，或變成流亡作家。地下文學的流傳情況究竟如何，能否請你談一下？

答：蘇聯境內有地下文學，捷克也有。捷克的地下文學另有一個名稱，叫做 petlice，這個字也指用來關閉閘門的「掛鎖」，英文可譯成 padlock。「掛鎖」文學的流通方式很多，最原始的自然是手抄或打字。每一個讀者，在轉手前得負責做一份存底。「掛鎖」文學不時流傳出國外，出了國就由西方或流亡人士經營的出版社印行。由於檢查制度很嚴，郵寄是不可能的，很多時候是靠觀光身份的人帶進帶出。由於捷共政府支持觀光，觀光客很多，「掛鎖」文學也就藉此突破封鎖。「掛鎖」作品有時流到西方後，也透過「自由歐洲之聲」與「英國廣播公司」的節目，回流捷克。

## 流亡作家

問：「布拉格之春」後，是否很多名作家都流亡國外？

答：並不一定。例如華朱力克（Ludvik Vaculik）就到現在還堅持留在捷克，雖然他幾乎所有作品都在國外出版。他原來是共產黨黨員，六十年代參加當時捷克中央改革派杜布切克的自由化運動，積極投入一九六八年的自由化運動，那篇著名的《二千字宣言》就由他執筆，這篇宣言要求多黨制及全面的民主自由。後來有人甚至說，這篇宣言是蘇軍入侵的導火線。數以千計的捷克知識分子曾簽名支持這份宣言；後來俄國報刊狠狠批判了一頓。不過，華朱力克也是相當傑出的小說家。在「布拉格之春」前，就出版了一部名爲《斧頭》的小說，大膽探討一位老黨員及其對「革命」發生懷疑的兒子之關係。一九七三年他在國外流亡出版社刊行一部小說，叫《實驗室老鼠》，這是一部卡夫卡式的夢魘小說，是對一個封閉社會的喩意式批判。

目前流亡巴黎的昆德拉是很卓越的小說家。但在蘇軍入侵後，他並沒有馬上離開，他一直堅持到七十年代後期才離開布拉格。基本上，捷克知識分子都不願意離開祖國，在外流放。昆德拉的小說在捷克都是禁書，反倒是在西方頗具時譽。

另一位相當有名的流亡作家是史高沃歷斯基。他的作品政治意識比較明顯，針砭性也較高。相形之下，昆德拉的批評比較隱晦。我個人認爲後者的藝術成就較高，雖然一九八〇年前者贏得美國紐斯達國際文學獎。史氏的太太也是一位小說家，他們夫婦在多倫多創辦了一家「六八出版社」，專門刊行流亡作家的作品、「掛鎖」文學和其他有「問題」的書籍，這些書通常又透過觀光客及其他管道回流捷克。此外，有些流亡德國和瑞士的知識分子也在歐洲辦小型出版社，有些抗議歌曲也被灌製成唱片。

### 文學不是革命工具

問：在捷克境內，一九六八年後，政府的文藝政策是怎樣的？

答：官方的作家協會口頭上仍然是「社會主義現實主義」掛帥，但實際上，由於官方非常畏懼文學的力量，深恐文學作品會變成眞正的革命工具，拿來批判共黨，所以原則上嚴禁文學作品處理或涉及政治問題。這種情形與不少共黨國家以文學來「圖解政治」，又大異其趣。目前捷克文學以通俗作品爲主，例如偵探小說和庸俗的愛情小說；甚至相當「色情」的作品都有，例如女同性戀小說。此外，不涉及當代問題的歷史小說也很風行。這種方式的控制，遠比大張旗鼓的查封要有效；這是「劣幣驅逐良幣」，用通俗文學來痲醉羣衆的法子。

問：在介紹西方國家的現代及當代文學方面，有沒有禁忌？

答：眞正前衞的作品通常是不能翻譯的。但在文學研究刊物上，通常有論文研究或介紹，但都會加以批判。這種做法也無可厚非，有時其實是「暗度陳倉」的做法。不過，有時作品因爲對歐美社會或多或少有所批判，便可以翻譯。例如美國小說家約瑟夫・海勒（Joseph Heller）的作品就譯成捷克文，因爲官方負責單位認爲他這部近作批判了資本主義。

**自我批判才能出書**

問：在一九六八年後，捷克那麼多參與「自由化」的知識分子，是否能夠繼續活動和出書呢？

答：由於當時參與「自由化」的都是捷克的精英，基本上如果一個作家或藝術家願意公開發表自我批判，「承認錯誤」，便可得到「原諒」，繼續發表作品。但問題是，在嚴格控制下，又有什麼作品可以發表呢？昆德拉和華朱力克就一直沒有認錯，拒絕自我批判。不過，有不少人爲了生活，祇好自我批判了。

問：發表作品時的檢查制度如何？

答：通常一個嶄新的名字比較容易過關。一般的檢查其實相當官僚和死板，就是根據一張黑名單，是認人的方式。

問：捷克漢學家普實克是西方知名的中國文學專家，曾長期主持捷克科學院的東方文化研究所，培養了不少人才。聽說由於他支持「自由化」，蘇軍入侵後，干擾很大。

答：是的，普實克當時政治上相當介入，因此蘇軍入侵後，便被解職；在他去世之前，甚至不准許他進入他一手創辦的研究所（鄭按：普實克研究中國現代文學的論文，一九八〇年曾由芝加哥大學李歐梵教授編輯，在美出版）。

# 布拉格的第二個春天

## ——訪小說家華朱力克

一九八九年十一月底，在捷共死硬派節節敗退、捷克民運步步勝利之際，終於可以訪問國際知名的捷克小說家陸德維克・華朱力克（Ludvik Vaculik），對這次由文學界領頭的民運作第一手的報導。華朱力克出生於一九二六年，是與昆德拉、史高沃歷斯基、克利馬等齊名的捷克小說名家（前二位分別流亡法國和加拿大）。一九六八年間積極投入「布拉格之春」的捷共改革運動，為著名的《二千字宣言》執筆人。一九七七年一月又協助推動「七・七」人權宣言，一度下獄。同時被捕的有現為反對派領袖、戲劇名家哈維爾。近年來雖無長篇鉅製，但雜文及「紀實小說」一直不斷。

### 完全不關心政治的人民都投入

問：十一月二十七日的罷工示威看來很成功。「公民論壇」成立不到十天，已經成爲名實皆存的反對派；捷共的教條派全面崩潰，是否感到很意外？這次運動大概所有的作家都投入吧？

答：這次全民運動的成功，並不單是因爲十天前（十一月十七日）的學生被軍警圍攻毆打，激起大家義憤，而是我們二十年來（自一九六八年起）堅持鬪爭的成果。最近的羣衆運動和武警暴力，引起西方傳媒注意，所以全世界都能知道。但二十年來一直有不少作家和知識分子，始終不斷和捷共周旋，但這些活動較爲不明顯。捷克作家，例如目前領導「公民論壇」的哈維爾，自一九六八年來就沒有停止過抵抗。當然，我是指和我們意見相同的作家。官方作家還是有很多，他們自然不會、也不敢介入反抗活動。但這次運動的成功，最終還是依靠學生和工人的組織力量。

問：目前的情況和一九六八年「布拉格之春」自由化運動有什麼不同？

答：最大的不同是民衆的全面投入。這次毫無疑問是全民一致的運動，甚至平日完全不關心政治的人民都投入，還有不少年輕的或看法不同的共黨黨員。在一九六八年，還是有不少人害怕，擔心報復，心中支持但沒有行動。這是最大的不同。

問：目前是否有大量共黨黨員加入你們的行列？

答：是的。我們也很驚訝，有不少傾向和支持改革的共黨黨員都加入，還有很多是「布拉格之春」後被開除出黨的黨員。馬上就是二十八日凌晨，剛才又有一羣年輕共黨黨員上電視，宣布一個「共黨論壇」的成立，提出的改革方針，幾乎完全和幾天前「公民論壇」的談判條件一樣，也就是民主多黨政制、經濟開放、解除公安武警。唯一異議是要求保留「社會主義」字眼，仍然要求捷克留在「社會主義」陣營。但這樣也是有名無實了。

## 不可能像北京那樣屠殺

問：照你看，目前的局勢會不會再有劇變？雙方能否談下去？

答：目前的局面已經不能走回頭路了。我相信會安穩和平地發展，直至雙方達成協議。相信在全民直接選舉之前，會有一個臨時政府出現，負責過渡時期的各種工作。目前尚未正式下臺的共黨政府實際上已無法下達政令。好些部門，例如教育部和電視電臺，都已經眞正站到人民一邊了。

問：軍隊還在死硬派手上吧？會不會用軍隊暴力鎮壓？

答：這個「中國模式」在早些時大家確實很擔心。因爲那時羣衆不多，也還沒有全國性支持。要像北京那樣屠殺，現在完全沒有可能，部隊也不會服從命令。

問：一九六八年「布拉格之春」的領導人杜布切克這兩天多次公開發言，羣衆反應也很熱烈，杜布切克在未來政局發展會有什麼影響？

答：我相信在大多數人民心中，杜布切克祇是一個象徵，意義大於實際。他今年一直堅定支持我們的活動，從春末去探望提前出獄的哈維爾，到最近的公開發言。基於他過去的領導地位和象徵性，對一般人民有影響。但未來政局的發展，他年事已高，不會有什麼實際職務。

**希望我的創作可以正式印行**

問：一九六八年以來，你從未在捷克正式出版過你的創作，又不是「作協」會員，日子很困難吧？

答：我有二十一年未能在捷克發表任何作品，但一直有地下流通，主要是用打字的方式。國外的捷克流亡出版社有印我的書，但要偷運回來很危險。另外就是歐美的各種譯本，這些譯本都有些版稅，弄進捷克之後可以維持生活。此外，在赫爾辛基的國際一九七七年人權憲章基金會也有些幫助。但總的來說，這二十年的生活是很困難的。不過，也就堅持到今天。

問：現在一切都開放，你的作品也可以印行吧？

答：當前最要緊的還是落實種種革新的要求。我相信在言論自由進一步發展時，也許我的創作可以在自己的國家正式印行。我不知道什麼時候才會實現這個心願，但希望這個日子不太遠。不過，都等待了這麼久，再等一等也無妨。

問：這兩天有沒有見到哈維爾？

答：哈維爾很忙，各種會議之外，還不停上電視和出席記者招待會。現在「公民論壇」和原來附庸共黨的社會黨已經實際成爲聯盟，哈維爾就不單是「獨立思考人士」（按：捷克反對派一向不愛用「離心分子」這個名詞，另創上述用語），已成爲政治領袖。

問：非常謝謝你在百忙中接受訪問，祝你們全面勝利。

答：謝謝，謝謝這麼遠來了解我們的命運。

# 不理政治的自由

——再訪華朱力克

**投身政治是失去個人自由的另一種方式**

問：捷克一九八九年秋天民主革命成功後，有不少作家和知識分子都投身政治，你的老朋友哈維爾甚至當了總統。一九九〇年六月八日會舉行四十多年來第一次眞正自由的選舉，是否仍有不少知識分子和作家介入？

答：是的，有很多知識分子都投入選舉。我不少朋友都參加了；有演員、新聞工作者和律師等，作家比較少，祇有幾位參選國會代表。總的來說，知識界都很熱烈非常介入，我是例外。我願意幫忙，比如寫文章、發表演說、參加討論，但我不願意參加選舉和過分介入政治活動。過去我很活躍，但在過去的二十多年，我一直告訴自己，一旦捷克自由化和正常化之後，一旦沒有人來干擾我的寫作，我就立刻要回到書房，回到我的創作。因爲，對我來說，投身政治也是失去個人自由的另一種方式；而自由之重要，正因爲眞正的自由也包括不需要過問政治的選擇。

**擔心哈維爾脫離羣衆，時常交換意見**

問：哈維爾先生目前在競選下一任總統。這一任是兩年吧？看來他一時間還不能回到書房去寫作。他好像是身不由己？

答：是的，確實是這樣。但這一任祇有兩年，我昨天（一九九〇年五月二十五日）和他見面時也談到這個問題。

問：能否透露你們談話的內容？你目前不在政府裏，應該不是談政治吧？

答：你大概也知道，我和哈維爾當年一同發起人權運動，對抗極權。昨天的見面是過去共同奮鬪的一羣老朋友，找個機會聚一聚。此外，我們一些朋友也擔心哈維爾目前天天投入國事，又身居高位，會脫離羣衆，聽不到外面對他的意見，所以決定和他安排一下，不時見見面，交換意見。昨天的談話很愉快。哈維爾還是老樣子，沒有任何官架子。我們也向他反映了目前不少人對新文化法令的不滿，我也是批評新法令的作家之一；主要是新法令未能照顧到文化在新捷克社會裏的重要任務，文化建設需要國家的大力支援。哈維爾的反應很乾脆，他表示：你過去老批評共黨的國家機器，現在還是那麼憤怒。但現在和過去不同，現在有眞正的民意代表。既然大家不滿意新擬的文化法令，那就另擬一套，讓國會去通過你們認爲是合理和合適的。此外，哈維爾也和我們討論如何處理內政部的線人問題。

## 有些線人是被迫參加監視和告密活動

問：過去的內政部是共產黨的公安情治機關，你說的線人是指從前特務機關遺留下來的告密系統？

答：是的。過去共黨特務系統有一個龐大的線人網路，專門打小報告的。現在有不少人主張公布所有線人的姓名和身分，但也有不少人反對，因爲有些線人是被迫參加監視和告密活動。另有一些人雖然被迫參加，但並沒有眞正去做，祇是掛名。如果一視同仁，全部公布，會是很殘忍和不人道的；而且，這樣做，報復的心態太大。我們認爲，也許應該全部個案處理。祇有那些眞正大奸大惡的，或許通過法律途徑來處理。否則，對這些告密者及其家屬，會太殘忍了。

## 紙張缺乏，作家都急著要印書

問：目前的出版界是否很活躍？過去不能出版的作品是否大量出現？

答：目前沒有任何禁制，出版界非常蓬勃。不過，由於大家都很關心政治，書籍的銷量反倒降低，印刷數量也比過去低。此外，一般讀者經濟上也負擔不起太大量的購買。還有就是紙張的缺乏，印刷用紙越來越貴。另一方面，印刷廠也很老舊，幾十年來都沒有改進。所以，作家雖然都急着要印書，但有現實困難，出書不快。

問：最近《紐約書評》雙周刊發表美國小說家非利普‧羅思和你的朋友伊萬‧克利馬的對談，就提到克利馬一口氣出了八本書（鄭按：克利馬小說的中文譯介，見拙編《當代東歐文學選》）。你的情形如何？

答：克利馬的小說曾經在海外由流亡出版社發行小量捷文本，所以在捷克重出就很容易，祇要拿海外的捷文本影印就可以。我的作品雖然有不少外語譯本，甚至日文本，但都要重新排校。所以，二十多年來，我首次在捷克出版的作品還要等幾個月才能送到書店。這是一本小說，叫《捷克的夢之書》。這部小說有法、德、瑞典文等譯本，但捷文本要新排。

問：這一本小說是什麼時候寫的？

答：是一九七九年完成的作品。此外，一九六八年蘇軍入侵前曾在捷克刊行的長篇小說《斧頭》也要重印。還有就是七十年代初就有英譯本的小說《實驗室老鼠》，也要在捷克首次推出。

## 讀者過去無書可讀，養成一種知識饑渴

問：新雜誌和新報紙是否大量增加？文學刊物多不多？

答：新雜誌大量湧現。主要是政治刊物，也有不少是綜合性刊物，涵蓋面比較廣，文學雜誌不多。在布拉格，新的文學刊物祇有兩份，大家的注意力目前還是政治和比較大的社會文化問題。目前幾乎每個政黨都有自己的周刊和報紙，所以很多人都在抱怨，說太多出版物，都無法全看。我們的讀者的習慣和西方略爲不同，總覺得要知道所有的情況和意見。這也許是過去幾乎完全沒有可讀的東西，養成一種知識饑渴。但我一直向朋友說，自由本來就是要有各種選擇，看不完就要選擇自己覺得最重要的。

## 希望選舉過後能閉門寫作

問：目前以哈維爾總統爲首的「公民論壇」已經轉化成政黨，參加選舉，你們都在助選吧？

答：「論壇」本來是個鬆散的結合，是對抗共黨才出現的組織，也的確是個公開論壇，因此

有各種代表，從教會人士到作家都有。目前的內閣成員幾乎都是「論壇」的成員，但其實「論壇」內部分歧異議很大。而且，本來不是一個政黨組織，現在要參加選舉，需要組織，等於重新建造一個架構，很不容易。目前內閣裏負責政府新聞工作和電視廣播的兩位主管，都是舊識，因此對「論壇」的內在蛻變的困難，有一些理解。我們希望在好幾個黨派競爭的情況下，「論壇」能夠最少得到三成半的票數。自從民主革命以來，我一直都在忙文學以外的事，寫雜文，參加各種會議。二十多年來，我一直期待的，就是不必理會政治，全心全力去寫作。希望選舉過後，我能夠閉門寫作，完全不受外界的干擾。

### 重視中文知識界所作的報導

問：非常抱歉，我也成了外界的干擾。

答：不，不，你是例外。你介紹過我的作品，又一直這麼熱心，向中文知識界報導我們的情況。你們的關心，我們都很重視。希望不久的將來，你能夠來布拉格看看。

問：非常謝謝你接受我的訪問。一九八九年捷克民主革命還如火如荼時，和你及哈維爾首次通電話，從電話上都可以感受到你們當時的興奮。因爲哈維爾表示不願意通過英語發表意見和接受訪問，所以一直不斷來打擾你。希望有一天可以在布拉格見面談天。再次謝謝你。

# 匈牙利

# 祇談政治，不談文學

## ——巴路巴斯教授談當代匈牙利文學

音樂家巴托克(Bartók)、美學家盧卡契（Lukács）、電影理論家巴拉茲(Balázs)等，都是匈牙利出生的歐洲文藝界風雲人物，影響深遠，至今仍是顯赫的名字。一九四九年蘇聯扶植的匈共政權成立後，鐵幕低垂，除了一九五六年的匈牙利事變，外界對當代匈牙利的文藝風貌，都比較缺乏瞭解。

一九八七年春天，任教於匈牙利沙格特大學的巴路巴斯(Enikö Bollobás)博士來美訪問，在俄勒崗大學講授現代匈牙利文學。巴路巴斯博士專研英詩韻律學之餘，與匈牙利文藝界頗多交往，且曾從事英文譯介。希望這個極為坦誠的訪談，能為中文讀書界，略為介紹這個活力充沛的東歐文學。這個訪問一九八八年三月下旬刊出。一九九〇年五月再作電話訪問，談匈牙利民主革命後文化界情況，一九九〇年五月二十九日刊出。

## 在東西方之間尋求平衡和獨立

問：就語言和文化來說，匈牙利長期以來都夾在斯拉夫及日耳曼兩大體系之間，而且國家不大，人口僅略超一千萬；這兩股力量對匈牙利文學的影響如何？

答：在文學、文學評論、或廣義的文化方面，匈牙利的情況就像其地理位置，確實夾在中間，但並不限於斯拉夫和日耳曼，而是東方與西方。過去一千多年以來，匈牙利的文學和文化一直在東西方之間掙扎，尋求某種平衡和獨立。歷史上匈牙利是接近西方的；公元一千年就正式接納天主教，其後基督教的勢力也很龐大。我認為這是劃分東歐國家的文化屬向的重要尺度。例如保加利亞和羅馬尼亞，甚至蘇聯，就因為沒有西歐天主教和隨之而來的新教改革，基本上屬於拜占庭東正教。但在匈牙利，新教改革是一件大事，在今日劃入羅馬尼亞版圖的川肅凡尼亞地區（Transylvania），新教改革及喀爾文教派尤為興旺。另一方面，匈牙利在土耳其帝國擴張時，是這個東方霸權的最西面的領土，曾被佔領達一百五十年之久。因此，在這段時期（十六及十七世紀），匈牙利是靠近東方的（鄭按：此處所說的東西方顯然是襲用一般歐洲人的觀點）。十八世紀匈牙利受奧國統治，又重新歸回西方；但由於匈牙利也不滿奧國的佔領，文化上便刻意靠攏法國，所以法國的啓蒙運動和後來的浪漫主義運動，對匈牙利有深遠的影響。當然，現在政治上匈牙利又被劃入東方。但由於匈牙利長遠的西歐宗教、文化聯繫，對蘇聯及斯拉夫文化的影響，一直都有某種內在的排拒。直至現在，來自蘇聯的文化影響還是很微弱。歷史上，匈牙利文化都是受巴黎、海德堡、羅馬等重鎭的影響。作家一般都在西歐逗留過一段時期。在本世紀，有一些作家強調文化尋根，但大方向仍然是和斯拉夫文化無關。今天則與波蘭及捷克的作家互爲聲援，因爲大家對蘇聯都沒有好感，而且歷史和文化方面，三個國家（尤其是波蘭）都有相當多的關連。

問：照這樣說，一九五六年的匈牙利自由化運動，顯然也可以劃入東方與西方的抗爭。一九五六年的運動，是黨內改革派發起的，其中不乏老牌馬克思主義信徒，但羣衆普遍支持。後來納吉領導的新政府被蘇軍鎭壓下去，隨之而來的是大清洗。可否談談一九五六年前後的文學情況？今天回顧，大概會客觀一些？

答：一九五六年確實是重要的分水嶺。在這之前，我們有蘇聯搬來的社會主義現實主義，也有集中營。那時作家和知名文化人經常神秘失踪，不知去向，過好多年才重新出現；失踪時通常都關進集中營。另外一些作家則保持沉默。有些人還照樣寫作，不過都是爲自己而寫，作品都不拿出來發表。那個年代，值得發表的都刊登不出來，不值得發表的倒氾濫成災，例如歌頌史達林和匈共領袖的作品。現在回顧，當年不少人都寫過一些歌頌性的作品，但這是整個氣候的影響，不能全怪他們。不過，也有極少數作家保持良知和個人意願，沒有隨波逐流，例如 Lajos Kassak、Milán Füst、Lörinc Szabö。一九五六年蘇軍入侵後，大量文化人流放。一九五六年的悲劇中，有一點我想強調的，就是當時作家的集體力量。一九五六年的改革，是作家鼎力支持的。事實上，當時的作協是匈牙利唯一的民主團體，因爲領導班子是由全體會員直接選舉出來的。作協支持和推動改革後，甚至過去的「歌德派」（如 Z. Zelk）都馬上加入這場運動。作協甚至直接向政府領導人和蘇聯大使遞交改革計畫。一九五六年的革命其實是作家最早發動的，因爲作協內部對改革的各種辯爭，無日無之，也最激烈。鎭壓之後，不少作家入獄，也有不少人流亡，主要是歐美兩地。流亡作家中也有創作不斷的，但心態就慢慢和本土作家有歧異。不過，弔詭的是，一九五六年的革命和鎭壓，也證明了原有的史達林模式及高壓政權的失敗。因此，卡達爾新政府登臺後，也極爲緩慢地尋求和解與出路，及至一九六三年最後一次大赦，所有入獄作家和政治犯都釋放，並開始寬鬆起來。但總的來說，一九五六年到六三年是黑暗年代，文學上乏善可陳。

## 新月派、民粹派與都市詩派的爭執

問：我讀到的不少歐美材料，都認爲六十年代中葉文化界已開始正常運作，詩和小說在六十年代中葉開始繁榮起來。你對這個評估有什麼看法？

答：大體上是這樣。詩尤其有突破。詩在匈牙利文學一向是主流，對羣衆也最有吸引力。讀者最崇拜的也是詩人。這是匈牙利的傳統，至今不變。就數量來說，詩的讀者也遠遠超過小說。

問：這個情形和當代歐美文壇的發展很不一樣。在今天美國文壇，詩幾乎是「邊陲」文類，讀者極少了。

答：確實很不一樣。詩人在匈牙利只要有名，往往是偶像人物，發言也有影響力，因此在政府眼中，也最危險。這大概是匈牙利文學的最大特色。

問：很多年前，擔任官方《新匈牙利季刊》主編的 Iván Boldizsár 曾經指出，匈牙利詩人可以很抒情，也可以很前衞，但也經常以詩來「干預生活」，以敏感的題材入詩，因此詩與政治常常糾葛在一起。這個傳統在一九五六年後有沒有改變？

答：這位主編是有名的官方發言人，典型的文化官，不過這回他倒沒胡說八道；在匈牙利，詩與政治確實是特別的混合體。說到這裏，不妨講個小笑話輕鬆一下。這位主編外語能力很強，又能言善道，所以極受重用，老詩人伊耶斯（Gyula Illyés，一九〇二年出生）有一回對我們這個圈子的朋友說，這位先生定是官方傀儡，因爲就只有他整天穿著三件頭西裝。他後來曾經當上筆會會長和作協主席。然而，詩與政治的關係如此密切，其實也很悲哀，因爲如果不是長期缺乏公開討論問題的園地，如果不是長期的一黨專政，極權統治，那麼詩人又怎會不斷要以本來相當個人性的文類來介入現實問題呢？小說當然也有同樣的表現。不過，這並不是當代匈牙利文學的獨特傾向，因爲一八四八年的革命就是詩人領導的，一七〇三年至一一年的革命有好些詩人擔任領導，十八世紀中葉的抗奧運動也有詩人參與組織工作。這是一個傳統，但也是不幸的傳統。由於匈牙利從來沒有民主傳統，詩人和作家不得不以他們的良知肩負批判和革命的責任，因爲他們多少還有發表的自由。在匈牙利，立志要當一位詩人，也等於立志介入政治現實。即使以沉默來做抗議，也是一種介入的表現。不過，沉默的向來是少數。

問：四十年代末期崛起的《新月雜誌》（Ujhold）在思想上提倡人文精神，在形式及詞藻上，據說是返璞求眞，力求收斂，代表人物有畢爾靈斯基（János Pilinszky）和艾妮絲・蘭姆絲・納吉（Ágnes Nemes Nagy）。有人認爲這一派的影響維持到六十年代，又有人認爲至今仍餘音不絕。這個詩派的實際影響力眞有這麼大嗎？

答：《新月雜誌》的壽命其實很短，但影響確實不絕如縷。不過，「新月派」的發展和影響一直都是夾在另兩個大詩派之間。一派可稱爲「民粹派」，相當民族本位，強調回歸傳統民俗文化，到民謠裏找靈感，政治上則要求匈牙利的獨立自主。過去這派由伊耶斯領導，今天則由卓理（Sándor Csoóri，一九三〇年出生）領導。一九二八年出生的于哈斯（Ferenc Juhász）也可劃入這一派。于哈斯早年才華煥發，作品極有突破，一九五五年的名作《變成雄鹿的男孩在秘密的鬧門前呼喊》，是公認的本世紀匈牙利三大名作之一。

問：記得多年前讀英國詩人奧登的一篇文章，奧登也對這首詩推崇備至，認爲是當代最偉大的詩作之一。

答：以我對西方現代詩的理解，實在沒有過譽。不過，遺憾的是，于哈斯近年來靠攏當局，當年銳氣消失殆盡，出賣了自己的靈魂。今日匈牙利詩人中他大概是在政界最有影響力的。

問：「新月派」和「民粹派」有沒有共通處？抑或是水火不容？

答：這兩派有溝通，也有一些共同看法。不過，「新月派」的最大特色是對詩藝的強調和重視，這和「民粹派」各種社會主張特別鮮明很不一樣。另一派是猶太裔爲主的「都市詩派」。「新月派」一直是在這兩派中間發展，直接的影響痕跡，七十年代仍然可見。一九八六年甚至有《新新月詩選》的出現，當然這本詩選的作者都不是原有的「新月派」詩人，但由此可見，「新月派」的影響始終在兩大派之間維繫至今。

問：幾個詩派之間，爭執的究竟是什麼？詩的風格？詩的社會責任？

答：主要的論爭，說來好玩，其實是在政見上。「民粹派」除了強烈反蘇，要求自主，又認爲匈牙利的社會問題（包括世界最高的自殺率之一）都與工業文明有關，要求回到原有的農業社會模式（匈牙利的大規模工業化是五十年代才開始的），對集體制很反感。他們看問題有簡單化的傾向，一切都歸罪於史達林模式的工業化。至於「都市詩派」，自然意見相左，而且黨員作家特多。不過，雖然三派並立，但自五十年代以來，政府特意不准任何雜誌與派系認同，因此三派都沒有自己的刊物，而是同時在各個刊物上出現。

## 政治問題介入作家團體

問：你的親戚、現在流亡英國的作家 George Gömori 認爲，在兩次大戰之間，最有影響力的文學刊物是《西方》（Nyugat），而《西方》培養出來的第三代詩人中，一般都認爲沃雷斯（Sándor Weöres，一九一三年出生）是另一位大師級的詩人。在英語讀書界，他和于哈斯好像是兩位最爲熟知的匈牙利詩人，早些年甚至說他是諾貝爾文學獎候選人。沃雷斯和《西方》的影響如何？

答：《新月》其實就是《西方》的延續。不過，沃雷斯相當特別，詩作沒有政治性。他在技巧和形式上都有極爲精采的表現。精緻之外，雋永可讀。就像《新月》，他也是兩派之間的人物。總的來說，他相當國際化，翻譯成外語也較容易，因爲他沒有太過本土化。沃雷斯生活上是個隱士，深居簡出，不參加作協會議，也不參加作家的政治活動；作家鬧事一般都沒他的份。

問：鬧事？什麼事？

答：噢，就像一九八六年秋天的作協選舉和內鬪。按照規章，作協是每兩年民主選舉一次領導班子；不過，一九八六年的選舉其實應在早一年（或兩年）就舉行的，但因爲政治壓力而延後。不過，越拖延，形勢就越緊張。一九八六年秋天只好硬著頭皮開選舉大會。結果這個大會選出的十五人領導班子，只有兩個是黨員，其他都是「黨外」作家，因此保守派、文化黨官、黨員作家都勃然大怒，「控訴」選舉「不公」，發動了五十多位作家退出作協，聲言要另組一個作協，實行「對著幹」。不過，過了幾個星期，這批作家又乖乖回到原來的作協，因爲上頭理解到這批「退會」作家沒有號召力，眞正的力量都結集在當選的新領導班子，只好讓步。在黨的壓力下，「退會」分子也不得不重回作協。目前的主席是卓理。

問：作協這個選舉「鬧劇」，是否也代表文學路線的分歧？

答：不。作協最關心的其實不是文學，而是政治。在當前的匈牙利，沒有其他政黨，作協成了唯一可以談點政治問題的地方，所以都只談政治，不談文學。

問：談些什麼政治問題呢？

答：例如蘇聯撤軍、組織新政黨、少數民族的生存問題，甚至環境汚染（例如多瑙河上建大水壩計畫）等。總之，我的印象是，什麼社會問題都談，就是不大談文學。

問：這麼政治化、這麼介入的作協，匈共難道一點都不在乎？

答：也不是不在乎。不過，現在的形勢已經不容許隨意鎭壓。國內如此，國外也如此。我相信，就算匈共要高壓，戈巴契夫和他的盟友也會暗中勸阻吧？對作家來說，也是步步爲營，每跨出一步，都是在試探容忍度。跨出越多，上限自然越寬。

問：這樣說，目前大概是一九五六年以來最寬鬆的時期了？

答：是很寬鬆。不過，並不是全無驟雨，還是得很注意，例如一年前就查封了一份文學雜誌。這種勒令停刊的事，已有十年左右沒發生過了。這份雜誌是月刊，非常大膽敢言，「民粹派」作家也比較多，對外國文壇情況也較多報導。不少作家都認爲是近年來編得最好的刊物。其實，如果這份刊物在首都布達佩斯出版，早就關門了。幸而是在首都以外出版，才辦了這麼些年。此外，兩年前也關了一份前衛文學刊物。這份雜誌銷路很低，只有兩千份左右，所以沒有引起太大注意。不過，總的來說，這幾年是要比過去寬鬆。

## 政府審查制度限制了作家創造力

問：這份前衛文學刊物被封，是否因爲太過實驗性、太過西化？

答：不，不是。其實上頭怕的不是什麼形式實驗，查封還是因爲內容出了問題。有一首詩不點名地正面刻劃一九五六年匈牙利自由化領袖納吉；文化黨官看出來了，自然大驚失色。

問：已經三十多年了，納吉還是不能提嗎？再說，他也可算是黨內改革派。當年的舊政權太不得人心了。

答：還是不能提。這首詩是頭一回。也許是編輯部不小心，因爲如果不很仔細去讀，反覆去讀，是看不出來的。

問：審查制度究竟是怎樣操作？是編輯責任制，還是統一審查？

答：編輯責任制。出版前不用先行送審。但很不幸，這樣一來編輯部的責任就很大。因爲一旦出事，編輯先倒楣，作家反倒沒有那麼大的責任。匈牙利和波蘭不一樣，沒有官方集中審查制。如果有官方的正式審查，那麼出版後如果有事，編輯和作家都不用負責。匈牙利的情形微妙多了，因爲是自行審查，「自律」往往會扼殺創作活力。

問：在這種審查和「自律」的情況下，像喬治·康拉德（György Konrád）這麼批判性的小說家又怎能發表作品呢？我只讀過他一本小說，就是一九六九年的《檔案工作者》（一九七四年英譯），冷嘲熱諷，很上乘的黑色幽默。他後來好像還出版了好幾部小說。

答：不，不，他已經有十多年以上沒在匈牙利正式出版小說了。後來的作品都是在國外刊行的。他是西方最熟悉的匈牙利作家。

問：但《檔案工作者》總算正式出版的作品。好像後來還有一本《城市工作者》？

答：那我們得先再想想《檔案工作者》這本小說的特色。首先，時空不明顯，事件在那裏發生都不清楚，很難讓人說是針對何時何地何事。其次，整個情境可以解釋爲其他時空的象徵處理，因爲題材上的暴政和鎮壓，政府自己也不好意思去「認頭」。

問：我仍然不明白，寫了這麼多「反黨」作品，康拉德怎會沒關起來，還發護照讓他出國，而且一直可以自由出入？但又要去查封一份沒有什麼影響力的前衛文學刊物？

答：我有時也覺得不可思議。我的猜想是，康拉德一直在國外很有名，很受西方注意；另一方面，一年多前才下臺的文化部長奧塞爾（György Aczél）很欣賞康拉德的才華，一直保護他，爲他說話。通常這種情況都有些內幕，有些個人因由。奧塞爾所能幫的忙，也就是讓康拉德可以自由出入布達佩斯。這十多年來，他的小說都是以地下文學方式在匈牙利流傳的。大概在一九七二年，康拉德是正式被逮捕的，上庭後判了罪，不過沒有坐牢，只是驅逐出國，他現在持的是法國護照，但經常回來，大部份時間其實都住在布達佩斯。他回來匈牙利時，都一定大搞地下文學活動，除了印製作品，還參與地下大學。

問：什麼是地下大學？

答：很簡單，就是每星期一在某個地點舉行演講和研討會。

問：政府對他各種活動自然都很清楚？爲什麼沒有逮捕？是否不敢碰「法國公民」？

答：匈牙利是血統法，所以康拉德一回國，政府是有權檢控他的，因為回到匈牙利，他就是公民了。他的情形確實很特殊，政府方面是眼開眼閉；不過，整個匈牙利，也只有他一個人是這麼特殊的，所以絕對不能當作通例。而且，政府對他的所有活動一清二楚，二十四小時監視。

問：不過，有這麼一個特殊情形也比沒有的好。蘇聯、捷克、波蘭等國，一旦放逐，就回去不了的。而且，當年還讓他正式出版小說。

答：當年正式出版的兩本小說現在都買不到了。都不重印，買不到也就減少讀者。而且本來就覺得有點問題，印量上就有限制。限印一向都是相當有效的控制辦法。所以，對一般讀者而言，買書是要花些精神和力氣的。例如每年都有一個出版週，會推出一大批新書。因為書名會先行公佈，所以出版週的頭幾天，一定大排長龍，經常會有幾百人耐心排隊，輪購比較敏感的書籍。如果不搶先排隊，有時一兩天就會買不到書。例如卓理的詩集，如果等到最後幾天，就一定買不到。

**地下文學的流傳極具勇氣**

問：剛才提到康拉德的作品以地下文學方式流通；地下文學在匈牙利是否很蓬勃？流傳可

廣？

答：地下文學並不興旺，主要是在首都，印量不大，流傳也不很廣，讀者大多是圈子裏的朋友。有一點我要特別提出的是，波蘭的地下文學和匈牙利的地下文學，互有交流和聯繫。記得我還看過一本小冊子，是波蘭流過來的，主要是教人如何以各種零件（包括洗衣機零件）來自製油印機。波蘭在這方面要比我們匈牙利先進。

問：但我聽訪問過匈牙利的朋友說，匈牙利地下文學其實是半公開的，政府只是眼開眼閉？

答：也可以這麼說。主要的地下出版社有五家，出版物上也都印上出版社名字。一般而言，都沒有發行網。唯一代銷的就是賴以克（Làszlò Rajk）的店；其實也不是書店，只是他的公寓；賣書日期也僅限週一和週二兩天。

問：政府爲什麼沒有去封鎖和逮捕？

答：賴以克是位建築師，父親本來是內政部長，一九四九年史達林的清洗中無辜被殺，因此賴以克後來一直有點「特權」，政府不願意和他太過不去。不過到他公寓查禁和沒收地下文學，則是每隔一段時間的例行公事，久而久之，大家也就習慣了。賴以克雖有父蔭，但做這種事還是需要極大的勇氣，因爲雖然不會殺頭，坐牢仍然是可能的。出版社也同樣需要很大的勇氣。

問：除了布達佩斯的地下文學，巴黎、慕尼黑、倫敦、華盛頓等西方大都會都有匈牙利流亡出版社。這些出版社和首都的地下文學工作者有什麼聯繫？是否像捷克流亡出版社那樣，經常將出版物偷運進匈牙利？

答：很少將出版物運回匈牙利，很難做得到，檢查很嚴。地下文學和流放文學面臨的困境其實是一樣的，二者都沒有辦法推銷出版物，想買的讀者很難買到書刊。例如賴以克的公寓書店，知道的人不多；就算知道，還得有勇氣上門。有機會出國的人，自然可以在國外購讀流亡出版社的書刊，但一般都不敢帶回去，而且很難通過海關。我上回出國是一九八二年，回去時就被沒收了二十九本書。倒是蘇聯的流亡出版社的出版物，一般都不會沒收。因爲檢查人員在這方面警覺性不高，看到俄文書就放行，認爲沒有危險。不過，買俄文地下文學的也是極少數匈牙利文化人。

問：既然行銷有問題，這些國外流亡出版社爲什麼還能存在？替什麼人服務呢？

答：啊，因爲有二百萬匈牙利人住在西方世界，所以流亡出版社另有龐大的讀者羣，也靠這些國外讀者才能生存。

問：有這麼多嗎？

答：除了西方世界，其實還有二百五十萬左右的匈裔住在羅馬尼亞；另外，蘇聯、捷克、南斯拉夫、奧地利等四國也有五十萬左右匈裔。

問：住在羅馬尼亞的匈裔也是龐大的讀者羣了？該地匈裔是否直接向匈牙利購書？抑或自辦書店？發表作品是在匈牙利或是在羅馬尼亞？

答：羅馬尼亞非常專制，對境內龐大的匈裔一向懷有戒心，所以任何匈牙利書刊都不能正式進口和郵購，這甚至包括菜譜和一般家庭讀物。

問：但是，羅馬尼亞的匈裔也先後冒出幾位知名作家，那麼他們又在那裏發表作品呢？

答：如果是「歌德派」，例如無恥地歌頌羅馬尼亞共黨領袖的詩作，是可以偶然發表，這叫做「少數民族的團結和諧」嘛。不過，一般還是譯成羅馬尼亞文才刊登。羅馬尼亞境內殘存的幾份刊物都是賣身投靠的匈裔把持，因此好作家是幾乎淘汰光了，這是一大悲劇。而匈共和羅共雖然都是東歐共產主義集團，但長期以來，都爲這個人數不小的匈裔問題而明吵暗鬪，關係相當緊張。此外，歷史上，雙方除了民族不同，還有領土紛爭。羅共一直都在製造歷史神話，說羅馬尼亞人才是川肅凡尼亞地區的最早居民。羅共對付原爲匈牙利地區的政策是大量移入羅馬尼亞人，同時大量遷出原有的匈裔。因此，甚至匈共的半官方出版物提及從前的領土（如川肅凡尼亞），雖然絕對沒有想到要收回（也絕不可能），羅共也要抗議。不過，羅馬尼亞境內的匈裔作家，如果作品沒有政治性，還是可以在布達佩斯發表作品，甚至出書。早期甚至有少數作家對匈牙利文壇有點影響。

## 經濟改革逐步帶動文化開放

問：七十年代初以來，匈共逐步改革原有的經濟體系，設法匡救經濟集體化的各種弊病：十多年來已略見成績。經濟上的改革有沒有帶動文化上的開放？

答：現在回顧，經濟改革是逐步帶來文化領域的寬鬆。起碼今天已經沒有思想犯，沒有文化人坐牢。這和匈牙利需要向西方出口加工品和其他商品也有關。因爲如果還是持續高壓，不斷抓人關人，國外形象不佳，也會有各種抗議（例如美國就會將人權和進出口問題掛鉤）。不過，言論還談不上自由。例如剛才提到的一九八六年作協選舉風波，是文化界頭號大事，但報紙上就隻字不提，只有地下小報才有報導。當然，這些年來也有偶發事件，但都不嚴重。要記得，政府對地下文學、觀點不同的「黨外」作家，其實都瞭如指掌，沒有鎭壓行動不等於沒有這個能力；因此，這個可能性一直有潛在的威嚇力。

問：總有部憲法名義上保障言論自由吧？

答：這確實是名義上的。因爲在一個基本上完全不是法治的國家，有些行爲和言論在某個時期不會受罰，但在另一時期則會出問題。剛才提到小說家康拉德的來去自如，就是一例。但就他一個作家可以。

問：在西方文化界，理論大師盧卡契二十多年來一直都很受重視，他也是公認的西方新馬克思主義開山鼻祖之一。他今天在匈牙利文學界和思想界的影響有多大？

答：呀，我們當然都熟悉盧卡契的作品，甚至可以說太過熟悉，有點厭煩了。我們這一代，可說人人都唸過盧卡契，但不少人對盧卡契也頗反感。一九四九年就開始的史達林式鎮壓，盧卡契完全保持沉默，不敢批評。以他當時的聲望和地位，是可以挽救一些文化人、黨內友人的生命，但他只求自保，無形中使他成爲幫凶。

問：你是指五十年代初的鎮壓和清洗吧？但是，一九五六年納吉的自由化和新政府，盧卡契不倒熱烈參加嗎？

答：一九五六年的介入確實是個轉變，也很代表他當時的想法。然而，在這之前，他早已泥足深陷，無法自拔了。要知道，他是極少數和蘇共高層有交往的老牌國際共產主義者，又曾目睹史達林的殺害革命戰友和長期的血腥統治，但他對這些史達林主義的黑暗面始終不置一詞。這是他個人人格上的嚴重缺陷。

問：然而，很多時候，在策略上及實際環境中，不是不得有某些退卻和讓步嗎？否則那能繼續發揮作用呢？再說，盧卡契到底在一九五六年參加了納吉政府，後來蘇軍入侵鎮壓後，還把他押去關在羅馬尼亞。前些時候我翻看匈牙利官方出版社印行的盧卡契紀念畫册，對他一生都圖文並茂介紹，連學生證都複印出來，獨獨一九五六年就閃爍其詞，圖片避重就輕。我還是認爲他在這方面自有其策略性。

答：他在一九五六年的行動當然有意義，但在這之前，他長期的保持沉默，他對史達林主義的支持，使他在道德上，已無法洗脫責任。卽使忠於他的信仰，還有知識分子起碼的良知啊。

問：我還是覺得你的批評太嚴峻了。

答：當然，這只是我和不少朋友的看法。而且，在思想和理論上，盧卡契今天還是有不少私淑弟子和相當大的影響力。不過，在今天，卽使他的弟子如 István Eörsi，也不得不對盧卡契的道德勇氣和知識良知，作某種程度的修正。

問：你的批判並不包括盧卡契的思想體系吧？

答：最主要的還是他的行事爲人。尤其是在五十年代初的鎭壓，以他的才華卓見，實在不必聽命於向他發號施令的笨蛋官僚，但他謹言愼行，忠誠服膺共黨的意旨。對今天不少仍然受他著作啓迪的人，我的批判也許尖銳，但也不得不承認。

# 文學與政治之間

## ——再訪巴路巴斯教授

問：一九八九年秋天匈牙利民主革命開始後，聽說你一直都很忙；也不時在美國的報章雜誌看到你的名字，你似乎是完全投入這個運動裏？

答：是的。起初我只是擔任一些與外國媒體接觸的工作。後來匈牙利「民主論壇」成立後，我就正式擔任對外發言人。幾天前，目前是執政黨的「民主論壇」的內閣已宣誓就職，我被新政府委派為駐英大使，今後會長駐倫敦。

問：這麼說，我們的稱呼都要改了?!日後得尊稱大使「閣下」。

答：（笑起來）你眞會開玩笑。不過，一九八八年我們作對談時，又怎會想到後來會有這麼劇烈的變化！

**知識分子是唯一可以依賴的人力資源**

問：匈牙利的民主革命成功後，知識分子和作家投入選舉或參與政治的情況，是否可以介紹一下？

答：可以說是全力參與，全體投入。作家的介入沒有知識分子那麼深。但在匈牙利長期的反抗運動中，作家和知識分子一向都站在前線。知識分子中，以歷史學者最活躍。社會學家也不少。在目前的新議會中，有一半的議員都是人文學科出身的。作家之外，有教授、學者、中學教員、博物館工作者。人類學家和心理學家也有。會有這麼多知識分子參與，主要是這是唯一的力量，也是唯一可以依賴的人力資源，原來的共產黨的黨官都是在莫斯科受訓的，除了老的一套，什麼都不懂。最重要的是，共產黨那批幹部是完完全全的腐化墮落，不得不全部掃除。另外有一些都是傳聲筒，除了聽從命令，自己什麼想法都沒有，這種幹部也不能用。當然，共產黨瓦解後，殘餘的少數舊有黨內改革派，成立了新黨，這些人算是黨內最後幾個有思想的。他們目前在新議會內是少數派。

## 新總統阿瑟・貢斯是一位作家

問：議會之外，作家和知識分子可有參與政府工作？

答：不多，都集中在議會。出任政府公職需要另一種專才。行政工作有某種專技要求。但我們的新總統阿瑟・貢斯是一位作家。他本來是異議分子，一九五六年蘇軍侵入匈牙利鎮壓民運之後，曾入獄六年，一九六三年才釋放。作品長期不能發表，要到八十年代才出版過一點。他是一位戲劇家，除了自己的戲劇創作，他也是很重要的翻譯家，向匈牙利讀者介紹過很多當代著名美國小說家，例如沙林傑、史泰朗、鐸德魯等的小說，都是他翻譯介紹的。有很長一段時間，他都是靠翻譯維持生活，不過，他會從事翻譯，倒是坐牢引起的。當時他相當年輕（他今年六十七歲），有一點英語基礎，但口語完全不成。大概那時有什麼高官的子女正在搜集論文材料，要弄個學位，但不懂英文，便迫令他做翻譯。譯的是邱吉爾的《第二次世界大戰回憶錄》；另外，還有一些羅斯福總統的演說。這就是我們新總統翻譯生涯的開始。

**和反對黨舊識的友誼不受影響**

問：目前的新憲法裏，總統是虛位元首，所以貢斯先生大概不管事吧？

答：是虛位元首，政府運作主要是內閣；但貢斯很有影響力，是位重要人物，所以才選他出任。他對政府的政策有影響的。

問：匈牙利的反對力量本來是一體，知識分子和作家是重要支柱；去年共產黨垮台後，則分問：成「民主論壇」和「民主陣線」兩個團體。兩邊都還有不少作家和知識分子參加吧？爲什麼會分成兩個團體呢？

答：我隸屬的「民主論壇」是執政黨，但一直都靠知識分子和作家支持，「民主陣線」也一樣。在兩個團體裏，知識分子的角色都很鮮明。原來的反對力量會分成兩個競爭性的政黨，主要是過去祇有一個共同敵人，所以大家都很團結，有什麼歧見也都會擱置，以求對外一致。但革命成功、共黨瓦解之後，對於國家的施政和走向，自然會有各種歧異，這是很正常的現象。我們追求民主自由，其實也就是追求多元性。目前議會裏有六個黨派，「民主陣線」是唯一有力量的反對黨。但六家對國家的長遠發展都有共識，基本認知相當一致，不同的只是施政的緩急及策略。有反對聲音是民主社會中很正常的，而且會使政治生活更豐富。我和反對黨不少知識分子都是舊識，但我們的友誼都不受影響。

## 現在有了很多新報紙、新周刊和月刊

問：一九八八年發表的那篇訪問，你提及各種禁制，現在是百無禁忌吧？

答：是的。現在是完完全全的自由了。我那回提到的地下作家或地下作品，例如康拉德(George Konrad)的小說，現在都是公開的、地上的。過去的地下作家現在經常在各種媒體露面。此外，我們現在有很多新報紙、新周刊和月刊。也有純屬民間集資的報紙。總的來說，文學界和文化界都非常熱鬧，充滿節日的氣氛。

問：面對這種百無禁忌的自由，作家會不會有某種「失落感」，一下子適應不過來？到底發表上的自由也改變了寫作的心態。

答：不會，不會。很快就適應了。就那麼一兩天時間，已經覺得一切都是理所當然的。完全沒有適應的問題（鄭按：一九九〇年五月廿九日這篇訪問發表後，獲悉巴路巴斯博士改以大使銜出任駐美公使）。

# 羅馬尼亞

# 羅馬尼亞文壇的高壓與鬥爭

## ——訪詩人米蓋・烏薩奇

中國讀者對二十世紀羅馬尼亞文學是相當陌生的。但羅馬尼亞却先後有兩位作家對法國和德國文學有深遠重大的影響。法國達達主義運動的發起人查拉（Tristan Tzara，一八九六—一九六三），和公認為當代德語世界最偉大的詩人保羅・謝朗（Paul Celan，一九二〇—七〇），都是出生於羅馬尼亞的作家。兩位名家雖成名於國外，但羅馬尼亞文壇一直引以為傲；他們的作品也回流本國，影響當代文壇。

然而，當代羅馬尼亞文壇的實況，在西方也鮮有報導。因此，詩人米蓋・烏薩奇（Mihai Ursachi）的大膽發言，彌足珍貴。烏薩奇出生於一九四一年，先後有十五本詩集問世，屢獲羅馬尼亞的重要文學獎，是中年詩人的代表人物。他在一九八一年九月後，流亡美國，曾在德州大學德文系任教。這個訪問一九八八年四月二十五日刊出。

## 羅馬尼亞共黨內鬥激烈

問：我們上次見面的時候，你提到自己的流亡。你在一九八一年九月離開羅馬尼亞時，是否有什麼政治問題？

答：我並不是因爲什麼政治問題而離開羅馬尼亞的。其實我當時是接到美國國務院的正式邀請，來美訪問。政府和羅馬尼亞作協都早已同意。剛好那時羅馬尼亞的政治氣候很不對，我有些身在高層的朋友私下都叫我不妨出國走走，待情況穩定一些才回來。那時也沒想到，一來美國就住了這麼多年。但即使在我來美初期，我的詩集仍能在羅馬尼亞出版。甚至我正式在美流亡後，還出了一部詩集。當然，這些集子都是我離開前就計畫出版的。

問：你剛才提到的政治氣候，是指什麼？

答：這件事說起來很複雜。簡單地說，一九八一年秋天，羅共黨內鬥爭日形激烈；由於壽塞司古年紀越大，心態越保守，顓頊之餘，還有一種恐懼心理，對他的左右，包括他一手提拔的接班集團，都懷疑防忌，但因此反造成要求改革的呼聲越來越強。改革派和保守派的鬪爭那時相當緊張。在我離開後不久，部隊裏的高層將領，大概有二十位之多，決定發動政變，強迫壽塞司古下臺，以便大力改革。但不幸沒有成功。這批軍人都被槍斃，隨後不少改革派都黯然罷官，還有一些離奇死亡。我的朋友神秘死亡也不在少數。

問：是不是作家？

答：是的，都是文化人。有一位車禍去世，另一位突然心臟病發作，還有幾位的死亡情況都很可疑。因爲是一連串發生，實在不能不叫人起疑心。

問：這些作家大概都支持改革吧？是不是黨員？

答：（笑起來）當然是支持改革和開放，但都不是黨員。

問：起碼都是作協會員吧？

答：這個當然。但卽使在作協內部，他們也是開明派，是保守派的眼中釘。其實他們並沒有大膽到要推翻政府或完全變更制度，只是希望能夠寬鬆一些，能夠逐步改善人民生活，能夠多一些活動空間。要知道，羅馬尼亞人民很窮苦，生活水準很低。羅馬尼亞這麼一個小國家，生產力也不高，外債竟高達一百五十億美元；單看這個數字，就可知道經濟的一團糟。

問：剛才你說，一九八一年的去國是有政府高層人士「勸導」，是不是改革派？那時你和官方顯然關係不壞？

答：其實事情很簡單。我在大學時代專攻哲學，也很活躍，一度出任全國大專學生聯會主席，因此認識了當時擔任青年工作部部長的伊安・伊列斯古。他當時也只比我大八、九歲左右。大家很談得來，思想上也接近，後來竟成了朋友。伊列斯古後來先後出長能源部和水利部等，在我離開時已是大家心目中的接班人之一。但在改革派敗北後，伊列斯古也「意外」死亡。我不認爲他和軍方的政變有關；他這人非常精明，不會留下什麼證據。另外一個朋友是味吉爾・特羅汾，也是部長級幹部，頗得壽塞司古信任，但也支持改革，他也死了。所以，一九八一年後，遭殃的不僅是作家。

問：你當時在作協擔任什麼工作？

答：我是作協理事，算是有點影響，另外兼任青年作家協會的實際領導工作。再早一些，還負責過退休作家的生活安排。因此，還看過不少作家的檔案（笑起來）。

問：來美之後，對羅馬尼亞的情況還有沒有密切追踪？

答：當然有。到現在也是這樣。我一直都打算，情況稍有好轉，不用坐牢的話，也就回去了。我很年輕時就坐過牢，那時的羅共更爲高壓和專制。我因爲唸哲學，結果一九六二年以思想犯身分單獨監禁。一九六五年，舊獨裁者去世，壽塞司古上臺，以「開明」姿態出現，大赦政治犯，言論上寬鬆了好一陣；我就是在這個時候赦免出獄的。因此，我過去對壽塞司古還頗有好感。一直到他大搞個人崇拜，我才厭惡起來。其實這個情形，也很接近中國大陸當年毛澤東的由人變神。這方面你一定比我清楚，也就不用多說了。我甚至猜想，毛澤東的神化對羅馬尼亞也有一點影響。那時壽塞司古和蘇聯保持距離，和中國大陸維持較密切關係，因此，我們都還看過羅馬尼亞文的「毛選」和「毛語錄」。在個人崇拜方面，壽塞司古也不下於毛，記得有一幅大畫像，甚至以古代封建帝皇形象出現；當然是畫家拍馬屁，但也是「上有好之」的結果。

問：一九八七年五月，蘇共總書記戈巴契夫訪問羅馬尼亞，大談「開放」和「改革」，似乎希望壽塞司古也能「寬鬆」一些。但二十多年來的個人專政，恐怕不容易一下子改過來吧？這次戈巴契夫的訪問，使得西方媒介稍微注意到羅馬尼亞，一般都認爲是東歐集團中，保守和高壓僅次於保加利亞的。這種情況對創作的影響怎樣？選材和手法有沒有特別要注意的？

## 七十年代文學審查愈嚴

答：一九八一年之後的清洗，羅馬尼亞少了很多人才，因此經濟越來越壞，加上壽塞司古濫用親信，政風也日益敗壞。壽塞司古雖然有癌症，但就像所有的獨裁者的晚年，心態都不很平衡；目前他用老婆擔任副總理，兒子是共青團領導人，弟弟則負責軍隊的政治思想工作，也幾乎是「家天下」了。不過，他的家人實際上沒有什麼政治資本；我相信他一死，這個「皇朝」是無法維繫下去的。他現在很多作風，完全是法西斯的。過去這七、八年，是當代羅馬尼亞文學最慘澹的時期。一九六五年他上臺之後，倒是「開放」了約六年，一直到一九七一年才又再收緊。因此，六十年代下半葉是當代文學的豐收期。

問：爲什麼一九七一年會開始緊縮，不再「開放」？

答：我們到現在也弄不清楚，大概是制度本身的問題吧。另外，也可能和壽塞司古本人的立場和出身有關。要知道，他在二次大戰後在蘇聯「格別烏」學特工，因此認識後來的蘇聯特務頭子安德羅波夫（甚至有人說，他上臺是後者扶持的），所以，「開放」對壽塞司古這種出身背景，先天上也許格格不入，逐步倒退大概是理所當然。總的來說，七十年代是一步一步地收緊，審查也越來越嚴。

問：審查是中央集權制，或是編輯責任制？

答：是統一的，一律由中央負責。有一個單位叫「國家出版督導總署」，就是負責審查的。

在羅馬尼亞，任何出版物，在上印刷機之前，清樣上每一頁都得有「總署」的核准印章，沒有蓋印的就不能上機，就得撤下來。一般來說，出書或在刊物發表作品，通常在編輯部決定後，就送「總署」審查，一直要等到通過後才能印行。至於「總署」派什麼人審查，是絕不對外透露的，因此作者和編輯都無法查問，審查結果都沒有人敢抗議；遲遲不放行的話，一般也不敢追究。審查制度在七十年代日漸惡化，到最後甚至是爲了審查而審查，以不斷審查和正式查禁來將「總署」的存在合理化。我自己的經歷就很能說明這個情況。在一九七八年，我有一部詩集送審，「總署」遲遲不作答覆。那個時候我還有點關係，而且都是還使得上勁的，便直接找到「總署」的領導。這位負責人見到我之後，表示過去看過我的詩，也相當喜歡，還補上一句，說壽塞司古也喜歡我的詩（你大概知道，壽塞司古也寫點詩的，以詩人自居，雖然作品實在平庸，但他是最高領袖，所以大家也不敢說什麼，現在的國歌就是他寫的）。不過，在目前就是不能發表這部詩集。我當時一再追問理由，但這位負責人就是不說。最後我火了，就表示，如果眞要查禁，就要去當反對派，去當離心分子，乾脆「對著幹」。大概我那時的關係還算有力，再加上我又剛得過一個獎，也算是大獎，這位頭頭口上也就開始鬆一點。後來拿出一瓶威士忌，倒了兩杯對飲，談到最後，他去把詩集找出來，就微笑著，在我面前抽下兩頁，其他的發還，算是批准。我回家一看，發現抽下的是一首詩的下半。研究了半天，才領悟過來，其實什麼問題都沒有，頭頭抽下兩頁其實是隨意之作，算是審檢過，有成績可以交代。我是根據自己這個經驗，才敢說，審查制度最後成了不能自控的怪物，爲審查而審查。

## 二次戰後文學成就在詩作

問：會不會是詩的內容有什麼「問題」？

答：不是的。我也仔細推敲過。其實，我一向都抱定宗旨，如果會有問題，不能完整地刊出的東西，我就寧願不出版，自己留著。所以，能夠送出去的，也已經是自己檢查過的了。當然，有時一首詩送去某個刊物，送審不能通過；隔些時候，送別的刊物也就會通過。所以，審查沒有標準，我一向都很清楚。再說，在這之前，我也有過幾次小麻煩，但都爲時不久，過了一陣就「平反」。所以我和審查制度打交道很有經驗，自信這個判斷不會錯。

問：西方少數研究二十世紀羅馬尼亞文學的專家，都認爲二次大戰後羅馬尼亞文學的成就，主要是在詩作。你對這個看法有何意見？

答：這個看法相當正確。我自己是寫詩的，但也研究德國文學，尤其是二十世紀德國詩。我出生在羅馬尼亞的德語區，所以德語也是我的母語。此外，我專攻過法文，對法國現代詩也有認識，還做過不少翻譯。如果和法、德兩國的詩作相比，二十世紀羅馬尼亞的詩，最優秀的作品絕不下於這兩國。我這個說法，也可算是一個研究工作者比較客觀的論斷。其實，羅馬尼亞出生的查拉和謝朗，就都先後對法、德詩壇有相當大的衝擊。查拉是法國達達主義的發起人，但卻是二次大戰後才歸化法籍的。謝朗目前在美國也很走紅，是早已公認的二次大戰後最重要的德語詩人。概括地說，當代羅馬尼亞詩壇也受到法國和德國的現代主義傳統的影響。例如安娜・布蘭廸安娜（Ana Bladiana,一九四二年出生）和西方較爲熟悉的尼基塔・斯坦尼司古(Nichita Stanescu，一九三三—八二），都可視爲比較接近法國象徵主義和超現實主義這個傳統的。而伊安・阿歷山德魯(Ioan Alexandru，一九四二年出生）是比較接近德國二十世紀的詩傳統；有些批評家也把我劃入這個所謂「親德派」。

問：德國的影響，謝朗之外，大概就是里爾克吧？

答：是的，還有賀德齡。

問：那麼，民粹派在當代詩壇的份量有多大？與所謂現代派有沒有紛爭？

答：民粹派其實是一個相當籠統的說法，也包括不少比較接近德國詩的詩人。一般而言，民粹派認為民俗傳統（民歌、民謠）是一個國家民族的靈魂，是不可喪失的傳統，但主張以現代的眼光重估這個傳統。民粹派的極端或核心，有意重新展現中古的、宗教的象徵及其意義，因此也可以視為一種新保守主義。民粹派對現代派很有保留，認為法國的達達主義和超現實主義都是歷史陳跡，不可能枯樹開花，在羅馬尼亞再生。六十年代中葉，由於「開放」政策，有些年輕詩人重新發現超現實主義，不但創作上受到影響，而且大力提倡。當時我也很年輕，但非常反對這個趨勢，我當時認為達達主義和超現實主義，都是歷史上證明早已失敗的、行不通的路線，不能重新搬回六十年代的羅馬尼亞詩壇。那時有很多爭論，甚至形成不少個人恩怨，例如斯坦尼司古就和我鬧得很不和睦。雖然法國現代派的路線曇花一現，沒有維持很久，但還是有些影響；而且，總的來說，斯坦尼司古是當代羅馬尼亞詩壇最重要的幾個詩人之一。他的外國影響，除了法國，還有日本，尤其是俳句。

問：詩壇上有這兩條路線及爭論，那麼小說界是否也有類似情況？

答：我不想將情形過分簡化。但基本上，小說界在六十年代下半，也有傳統寫實主義和現代主義之爭。例如尤金・巴布（Eugen Barbu，一九二四年出生），在六十年代下半，就在小說方面嘗試超現實主義手法，甚至美其名爲社會主義的超現實主義。我個人認爲他的作品並不成功，而且他後來整天歌頌壽塞司古，完全喪失知識分子的良知。不過，這並不奇怪，因爲他本來的寫作手法就是沿承蘇聯的社會主義現實主義。他在六十年代下半的表現，只能視爲當時的「開放」氣氛中，一種皮相的模仿，將自己打扮成文學上的「進步開明」人士。當時仍固守傳統寫實主義的小說家中，比較年輕的尼古拉·布列班（Nicolae Breban），曾經轉向，酌量吸收不少廣義的現代派手法，後來終於走出自己的道路，是我心目中當代羅馬尼亞小說家中最傑出的。布列班現年約五十歲，可惜還沒有英文譯介。至於老一輩的寫實主義小說家，普雷達（Manin Preda，一九二二年出生）是比較有代表性的。此外，長期流亡國外的米楚·艾利雅特(Mircea Eliade，一九〇七—八六年），在美國是以神話學、宗教研究見知於學界，在這兩方面的成就極高。但美國學界似乎很少人知道他是相當突出的小說家。他的小說始於三十年代，終於六十年代，在羅馬尼亞小說史獨樹一幟，自成一家，特色是日常生活中的神秘經驗，和幻想與現實揉混的手法。他在英語世界雖沒沒無聞，但在法國卻相當有名。我認爲在幻想與現實揉混的表現手法上，他不下於阿根廷的博赫斯。

## 戲劇薄弱缺乏地下文學

問：波蘭在現代戲劇上，甚有貢獻。羅馬尼亞在這方面有沒有什麼獨特的成就？

答：如果和當代歐洲的戲劇比較，相當單薄。現在的作協主席杜米朱・波佩斯庫就是寫戲劇的，作品還可以。撇開他的爲人不談，作品的質素算是較突出的。不過，他這個作協主席是非法的。一九八一年是羅馬尼亞作協最後一次民主選舉，首先是選舉理事，約五十人，然後再由五十人中互選出主席。結果我們這羣理事選出來的主席，不合壽塞司古的意思，選舉作廢，另行委任波佩斯庫代這任主席，就一直幹到現在，還進了共黨中委會（鄭按：波氏一九八三年十月曾訪問大陸；中文訪問記見《世界文學》八四年第三期）。

問：在羅馬尼亞，可有地下文學？匈牙利、波蘭，甚至蘇聯，都有地下文學，捷克也很興旺。

答：我們沒有地下文學，這大概是羅馬尼亞的特色了。主要是政府耳目太多，打小報告的也很多，秘密警察的監視特別嚴厲，因此比較容易控制。

問：捷克、匈牙利、波蘭、蘇聯都有流亡出版社。蘇聯流亡國外的一流作家特多，有些人甚至講笑話，說是單憑流亡作家的作品份量，絕對可以組織一個極有水準的蘇聯作協。羅馬尼亞的情形如何？

答：流亡出版社在西歐相當活躍。戰後共黨政權成立後就有流亡出版社出現。在法國就有三家，德國有兩家，西班牙也有好幾家。早期成立的較右傾。北美的也很活躍，還出版一份日報，有兩大張。

問：還出報紙？有這麼多讀者嗎？流亡北美的人口有多少？

答：西歐和北美合起來，大概有二百萬。不同時期流出來的，最大的流亡潮是一九四五至四八年（這一年共黨政權成立）。後來不少人是靠親友的幫忙，利用北美的移民配額，慢慢流出來的，所以，大多是合法的。當然，也有些人是先逃出來，再以難民身分流入北美的。我在德州就認識一位羅馬尼亞修車師傅，是在邊界想法子翻過鐵絲網，拚了命逃出來的。

問：羅馬尼亞的邊界竟然需要用鐵絲網來保護嗎？

答：不是保衛疆土，是要防止人民外逃。當然是壽塞司古的意思。過去十年來，情形越來越壞，鐵絲網之外，加強巡邏和守衛，還有地雷，所以能夠逃得成的人很少。我們有個笑話，說是如果完全自由選擇，連他的家人都要走。不過，如果邊界沒有嚴防，恐怕眞的會出現逃亡潮。你想，連壽塞司古的私人武裝保安司令，後來都逃出來，現在匿居美國，一般老百姓就更不用說了。但我相信，整個情形在壽塞司古去世後，一定會改善的。

問：如果情形改善，你會回去嗎？

答：壽塞司古在世一天，我是不敢回去的，一定沒命的。其實最近還有些半官方的表示，叫我回去。但我估計，回國一定要等到這個獨裁者去世。壽塞司古今年六十九歲，又有癌症，這個日子不會太遠的了。

# 羅馬尼亞在浴血中慶祝

## ——訪小說家葛楚斯庫

安德列・葛楚斯庫（Andrei Codrescu），為著名小說家，自羅馬尼亞流亡美國；除個人創作，長期以來從事羅馬尼亞文學的評介。本文一九八九年十二月二十七日刊出。

### 作家秉持良知不斷爲民請命

問：羅馬尼亞獨裁者壽塞司古的王朝被推翻後，一個新成立的「國家救亡陣線」不斷在全國電視臺露面，看來是目前權力眞空中的過渡領導組織。這個「陣線」除了幾位羅共改革派代表人物，還有兩位作家，一位是柯尼亞（Doina Cornea），另一位是迪尼斯庫（Mircea Dinescu）。這兩位作家外電都說是「持不同政見的異議人士」。請問在這次人民起義中，這些作家扮演了什麼角色？和捷克由作家堅持和發動的地下抵抗，是否類似？

答：由於長期的鎮壓（遠比捷克嚴重），作家的消極和積極對抗，一向沒有捷克那麼有組織。但柯尼亞和迪尼斯庫兩位詩人，是近年來仍然留在羅馬尼亞的作家中最有名的異議分子，他們也是西方最熟悉的。他們都長期不能發表作品，並一直被壽塞司古軟禁。另外有一位詩人杜德倫（Dorin Tudoran）曾經絕食抗議，也是作品有成就的異議分子。他一九八五年被放逐，現流亡美國。我剛剛還和他通過電話，知道他明天二十六號會回國。這一次羅馬尼亞的人民起義，黨內改革派近年來的抗議、正規部隊的反正，和人民不怕死的勇氣，是成功的原因。但在相當長的一段時間，羅馬尼亞作家（例如上述幾位）秉持良知，不斷為民請命，是起了一個前仆後繼的作用。

## 地下文學與流亡出版社

問：我一位羅馬尼亞詩人朋友米蓋·烏薩奇曾經說過，由於長期高壓，羅馬尼亞已經沒有地下文學？作家怎樣流傳他們的作品？

答：是沒有捷克那種地下文學。但詩人要比我們小說家好辦，一來詩作比較短，在圈子內私下流傳較易；二來詩人可以很隱晦，用各種暗喻等等的修辭手法。這類作品看來「模稜兩可」，發表較易。此外就是在國外的羅馬尼亞流亡作家出版社及刊物發表。在法國、西德、西班牙和美國，都有流亡出版社，也有一些刊物。這些書和刊物都設法偸運進去，起碼過去是如此。但如果有很尖銳的作品在國外出現，過去就會從此在國內全面封殺。我自己就有二十年沒在羅馬尼亞發表過作品。我的作品除了交給流亡出版社，就是用英文面世。久而久之，現在幾乎完全成爲英語作家，羅馬尼亞幾乎沒有什麼讀者。但流亡作家都有同樣問題。

問：羅馬尼亞這樣長期使文壇窒息，到現在文學大概已經奄奄一息吧？

答：也不見得。我前些時在法國見到一位年輕作家，知道現在二、三十歲的青年一代已經冒起，但他們都不發表作品，祇是埋頭寫作，然後收起來。所以，我相信這次羅馬尼亞起義浴血的不幸情況平息下來後，將來會有被壓抑和從未發表的作品大量湧現。這是比較樂觀的看法。

## 特務力量已被孤立對局勢發展很樂觀

問：說到樂觀，你好像對局勢的發展很樂觀。十二月二十五日正規軍和特務部隊仍在血戰中。特務部隊的強悍，西方傳媒都很意外。局勢會否逆轉？爲什麼特務的武裝和作戰能力這麼強？

答：我是相當樂觀，因爲全國人民都起來抵抗了，就不可能逆轉。至於特務的頑抗，可以理解，因爲他們一向都是劊子手，都是罪犯。他們一旦放下武器，日後可能會被審判。所以，現在他們不是爲壽塞司古抵抗，而是妄想用這個法子來保存自己。此外，目前東歐都已民主化，他們也無路可逃，無處藏身。特務爲什麼能和正規軍作戰那麼久呢，這是壽塞司古一手炮製出來的。首先，這些特務部隊都是特權分子，有各種特別照顧，等於壽塞司古的私人部隊，和共黨及軍隊仍勉強在國家體制內運作不同。他們有很好的訓練、大量的武器和補給，還有自己的運輸管道（在首都還有地下隧道）。此外，人數上他們比正規軍傳說要多出三倍以上，這也是羅馬尼亞才有的怪現象。現在的情況有點像內戰。但特務沒有人民支持，撐不久的。在首都布加勒斯特和斯庫及顧斯兩個大城，特務力量很大，會抵抗得比較久。但在這三個大城市之外，相信就沒有力量了。所以他們已被孤立起來。我剛從首都得到的電話消息是，在斯庫，戰況仍然很激烈，而且傳說在那邊接受特務組織訓練的阿拉伯特種人員（主要是利比亞和一些「巴勒斯坦」人員），都投入戰鬥，和這些特務部隊一同還擊。我們估計目前在那邊的中東極端分子或許有上千人之多。這一批名義上是受訓的阿拉伯人，其實都是壽塞司古的私人雇傭兵，下手更毒，現在恐會死戰。

**羅國人民第一次歡度耶誕節**

問：目前在首都臨時成立的「救亡陣線」，能否有效維持秩序和順利完成過渡任務呢？過去是壽塞司古「家天下」，整個家族在黨、政、軍中有五十多人身居要職。現在等於「無政府」狀態？

答：目前「救亡陣線」有幾位成員都是被壽塞司古鬪爭過的改革派，包括前外交部長、前駐美大使、前第一書記。他們是過去的黨內精英，但也比較開明，都反對壽塞司古的經濟政策、逼害羅國匈裔的滅族政策和破壞羅國文化傳統的錯亂措施，因此他們自己也受到壓迫。但較重要的是，他們都是知識分子，教育背景良好，對國外發展和世界形勢相當清楚，相信蘇聯和西方都會支持他們。在他們之外就是兩位代表文化界的「異議」作家。這一個組合，應該有號召力，可以成爲有效的過渡組織。在未來的發展中，軍隊也許會有些發言權，但羅馬尼亞的正規軍，比較而言，政治色彩不濃。

問：現在「救亡陣線」宣布要明年大選，那就要重新組黨。但在過去的「家天下」情況，會問：有什麼黨出現呢？

答：原有的羅共「開明派」是一股力量，知識分子是另一股力量。過去附庸羅共的花瓶式「農民黨」也可能重新活動，還有就是被羅共一早併吞的舊有的民主社會主義路線的少數人。但他們還有多少活動力量，非常難說。

問：你是否打算回去？

答：我馬上會應美國「公共電視臺」及「美國廣播公司」之邀，一同飛去羅馬尼亞，實地觀察和報導。我已經等待二十多年了。那邊還在激戰，但我收到的消息說，首都雖然在浴血中，但羅馬尼亞人民第一次可以過耶誕節，大家都在慶祝。

# 被綁劫的革命

## ——再訪烏薩奇

一九八九年十二月耶誕節前後壽塞司古王朝瓦解，烏薩奇通過美國之音及自由歐洲之聲，不斷向羅馬尼亞廣播，在資訊及分析方面，一度發揮極大作用。一九九〇年三月底終於結束流亡生活，返回祖國。烏薩奇在流亡之前，曾出版十五本詩集，屢獲羅馬尼亞的重要文學獎。後因言論開罪共黨，一度下獄。這個訪問一九九〇年六月一日發表。

問：羅馬尼亞在五月二十日舉行一九三七年來首次自由選舉，然後就組織一個新政府。一九八九年十二月底壽塞司古家族王朝垮臺前、後，作家和知識分子都很活躍，有不少且成爲臨時政府「救亡陣線」的成員。這次的選舉，作家和知識分子介入的情況怎樣？

答：「救亡陣線」原本宣稱是個過渡的臨時政府，也表示不會參加選舉，但後來就顯示出很大的權力慾，而且作風也越來越專制，不少作家都宣布退出，以免被利用來做號召。例如在你策劃的羅馬尼亞文學專輯裏介紹的安娜‧布蘭黛安娜（見鄭樹森編《當代東歐文學選》），因爲不甘被利用，稍早時已宣布退出「救亡陣線」。後來一些「救亡陣線」的領導人，因爲不滿原是羅共的主席伊列艾斯古的個人集權，也宣布退出，例如原來的副主席法學教授馬斯盧，他是舊家族王朝瓦解前極少數在境內關心人權的民運分子。

問：聽說另一位國際馳名的羅馬尼亞詩人馬林‧索雷斯古就積極投入選舉？

答：是的，他還幫忙組織了基督教農民黨。二次大戰前就存在的幾個舊政黨，例如農民黨、自由黨和社會民主黨，都有一些知識分子和作家支持。但這些黨都缺乏人力、物力和財力，領導人也都年紀老邁，就算聯合起來也不會成爲「救亡陣線」的抗衡。而且現在大家都在成立政黨，有七、八十個之多，力量會很分散，民衆也被弄得很亂，相信「救亡陣線」會奪得大多數票。目前活躍的政黨中有一個民主黨就是當年我在坐牢時，與幾個難友一同發起的，但我這次回羅馬尼亞，不打算再過問政治，希望回到書房，專心創作和研究，所以我雖是創黨人（笑起來），但沒有參加活動。

問：照你這樣說，「救亡陣線」其實已經失去知識分子的支持，但何以看來會當選和執政呢？

答：我覺得好些作家朋友起初對伊列艾斯古太信任了。說起來，我早年倒和他有些往來。他本來也是壽塞司古提拔的，曾經擔任過好些重要職位，一度也是可能的接班人馬。在他負責青年工作組織時，我是青年作協代表，因此有工作上的接觸。此外，我們是同鄉，因此距離也拉近一些。當時他給我的印象相當開明，但是個徹頭徹尾共產主義信徒。他是戈巴契夫大學時代的老同學，所以臨時政府一成立，他第一個電話便是撥給戈巴契夫。因此，他會走回頭路，又動用從前共產黨那些獨裁手段，一點不足爲奇。此外，舊王朝遺留下來的黨、政、軍人員，都會支持他，因爲大家比較瞭解，不少又是舊識，彼此都能放心，不怕日後會算老賬。因此，國家機器一下子便被他們這一堆人接收過來。所以，「救亡陣線」其實是舊朝的實力派和共產黨改革派的新瓶舊酒。而一般羣衆經過長期的個人獨裁統治，也養成一種依靠強人的集權心態。伊列艾斯古在一九八九年十二月得軍方支持，出來主持臨時政府，一來有後臺，二來也算受過舊王朝貶逐，所以很容易收編各派實力。

問：但有好些羣衆大會，人數非常多，都是支持伊列艾斯古的，也不能說是沒有羣衆基礎？

答：正因爲他不斷發動這些羣衆大會，才令知識分子反感，完全是壽塞司古那一套，原有的共產黨組織最擅長的就是這套把戲。目前人民對自由民主還缺乏認識，我們也從來沒有捷克、波蘭和匈牙利那種反對運動，所以老百姓很容易受擺布。不過，大學生就很不滿意了，現在不斷示威抗議伊列艾斯古的都是大學生。此外，電臺和電視都由伊列艾斯古一夥嚴密控制，其他黨派無法在這兩個媒介上傳達他們的訊息。這不是一種新專政局面嗎。我擔心伊列艾斯古他們一夥會成爲另一形式的獨裁者，會比過去好一些，但換湯不換藥。看來羅馬尼亞的人民革命是被攔途截劫了。羅馬尼亞的革命還未完成。雖然有表面上的自由選舉，但距離眞正民主的社會還相當遠。

問：你回國後有什麼打算？工作安排如何？

答：本來臨時政府叫我不要回國，就到華盛頓的羅馬尼亞大使館工作。但我在外流亡多年，很懷念國土，所以要求回國服務。文化部和教育部兩位負責人和我相當熟，都叫我去工作。但這兩個部都不滿伊列艾斯古，顯然是在內部鬪爭中。我回國是希望能安心定居，做自己的事，所以都沒接受（鄭按：烏薩奇在訪問刊出後出任國家劇院總監）。

# 保加利亞

# 保加利亞在民主邊緣

## ——訪維爾察博士

保加利亞共產黨獨裁者齊柯夫一九八九年十一月被黨內改革派推翻後，三十五年的個人專政瓦解。但原以環境保護運動為動力的民運，也迅速成長、茁壯為保共無法圍堵的力量。保共雖兩度改組，一再讓步，甚至提出與民運反對力量組織聯合政府，都無法遏止民主力量的膨脹。在雙方不斷談判後，議定一九九〇年六月十日舉行保加利亞四十多年來首次自由選舉。保國「民主力量聯盟」主席原為哲學教授，「激進民主黨」領袖為著名文學評論家，因選務過於繁忙，推派保加利亞科學院哲學部的民運人士維爾察（Ognyan Velched）博士為發言人。以下為訪談摘要，一九九〇年六月二日發表。

## 四十多年來首次自由選舉知識分子全面投入

問：一九八九年秋天齊柯夫垮臺後，保加利亞的知識分子和作家越來越活躍。六月十日會有首次自由選舉，知識分子是否全面投入呢？

答：是的，非常非常活躍。目前組成「民主力量聯盟」的十三個黨派都有大量知識分子參加。當然，大家的學術背景有時很不一樣。我們的黨（激進民主黨）大概因爲領導人艾爾嘉・康斯坦丁諾娃女士是位著名的文學評論家，所以黨內智囊團作家特別多。今天她就是和好幾位作家一同開會和外出演講，在這裏，我代表她向你道歉；現在我們要和她聯絡都很難，因爲，她活動不斷，四處奔走。

問：作家扮演什麼角色？有什麼工作？是否直接投入選舉？

答：在整個「聯盟」裏，有少數投入選舉的。我們這邊，康斯坦丁諾娃女士是主席，是參選的。作家大多數都是助選，寫文章，擬定各種綱領，和協助思考問題。我們的黨是整個「聯盟」的知識上的支柱，是「聯盟」的知識力量。

問：作家這麼介入現實政治，會不會影響創作？

答：過去四十多年作家都不能自由發表創作，現在當然要爭取他們最要緊的權益。一旦完成民主改革，我相信大家都會回到書房。艾爾嘉也會回到她的文學專業。

問：「民主力量聯盟」和共黨政府一再談判後，現在已有一分印行十萬份的報紙。你們是否也有自己的園地？

答：我們的黨祇辦周刊，叫《廿一世紀》。這是黨刊，但內容包括經濟、哲學、文學和藝術等，當然免不了政治，是一分綜合性刊物。這分刊物以知識分子和大學生爲對象，在知識界影響比較大。我們沒有辦法出報紙，因爲印刷用的紙張都是政府控制。「聯盟」的報紙最初祇能發行七萬份，不是沒有讀者，是沒有紙張，三月間我們在首都發動十五萬人抗議，才爭取到十萬份的紙張。所以，目前共黨還是抓緊各種資源，在財力和物力上很占便宜。我們現在最缺乏之的是紙張和其他印刷器材，例如影印機。

問：共產黨（四月間已改名爲社會黨）除了控制紙張，是否也控制其他媒體，例如電臺和電視？

答：是的，完全控制。都是一面倒，說他們的話。電視的控制最嚴，每天都有他們自己的宣傳，我們的意見都沒法子表達。這是這次選舉中最不公平的事。

問：但是起碼目前沒有查禁，也有出版自由，要比過去進步？

答：有出版自由，但沒有紙張，豈不是另一種查禁？而且，很多人還是相當害怕。作家裏頭害怕的也不少。害怕的都躲在家裏，不害怕的就走上街頭、寫文章和加入我們的工作。

問：害怕的理由是什麼？

答：因爲共產黨還在執政，黨組織和特務機關都還是老樣子。二月間我們和共黨政府談判時，雖然已是他們一九八九年秋天以來第三個頭頭，也是黨內改革派，但一般人都知道，他們的力量還是很大。

**紙張受控制僅有財源又投入選舉顧不到出書了**

問：但起碼對作家和學者而言，現在可以自由發表和出書。

答：發表文章沒有問題，可以在「聯盟」報紙和我們的刊物。但是出書還是有困難，紙張的控制之外，印刷廠也是個問題。目前我們僅有的財源都投入選舉，出書是顧不到了。

問：保加利亞共產黨是個上百年的老黨，又執政長達四十多年；過去的生活水準也相當高，起碼和東歐其他國家比較。照你剛才所說，共黨又控制媒體和國家資源，「聯盟」是十三個黨派的臨時結合，目標並不一致，「聯盟」的主席謝立夫（Zheliu Zhelev）雖是知名的異議分子（鄭按：原爲哲學教授，後因從事民運入獄多年），但沒有行政組織經驗，看來六月十日的選舉恐怕不見得會擊敗改頭換面的共黨？

答：我的看法很樂觀。我覺得外國觀察家都高估共產黨的力量。保共表面強大，但其實已經沒有眞正的支持。保加利亞人民心中都嚮往民主自由。我相信「聯盟」會取得國會的控制權，保共無法繼續執掌政權。我相信保加利亞會透過選舉，像波蘭和匈牙利，走上全面改革的路線。

立陶宛

# 在獨立的洪流中

## ——訪評論家蕭巴佐里斯

一九九〇年一月初，立陶宛宣布獨立，蘇軍調動頻繁，形勢緊張。在立陶宛人民的獨立訴求中，作家和知識分子發揮了巨大的影響力。立陶宛著名評論家蕭巴佐里斯(Rimvydas Silbajoris)一九四九年流亡美國，長期譯介立陶宛文學和參與海外流亡文化活動，與當前立陶宛境內運動領袖一直保持聯絡。這篇在一九九〇年一月十六日刊出的訪問提供了不少第一手資料。

問：最近立陶宛的政治劇變（從立陶宛共產黨脫離蘇共獨立到立陶宛要求獨立），促使蘇聯國家主席戈巴契夫前往談判，目前似仍未打破困境。在這場獨立運動中，聽說有不少作家和學者介入很深，實際內情如何？

答：立陶宛能走到這一步，作家、學者和知識分子確實起了很大的催生作用。在戈巴契夫提出改革口號時，作家和學者率先成立一個叫做「運動」（立陶宛文的發音是「西尤狄斯」）的組織，支持「改革」和「開放」，是想幫戈巴契夫的。後來這個組織的目標轉化，變成追求完全的獨立，也就是復國。這個組織仍然願意幫助戈巴契夫，但也得要他能幫忙完成整個「運動」的目標才成。在這個組織裏，中年詩人吉達（Sigitas Geda）是重要人物。吉達是戰後的重要詩人，創作上很有成就。他的參與非常積極，除了文字，還到處演講、發動遊行、啓發羣衆，因此早已成爲公共人物。另一位重要人物是文學評論家沙拉托瑞斯（Albertas Zalatorius），他的組織力量很強，個人也很有魅力，又懂得如何運用媒體和展開公共關係，貢獻很大。此外，立陶宛大學哲學系全體教授也都投入這個稱爲「運動」的組織；另外有一位音樂學家也是主要人物。新聞界方面，一向都照著莫斯科的音樂節拍舞動的《祖國》周刊，最近一年來也完全轉彎，主編扎哥利斯（Zekuolis）雖然當選最高蘇維埃代表，過去也替蘇共做了不少宣傳粉飾，現在也幡然易幟，甚至比很多人還要激進。在戈巴契夫訪問的時候，就公開指陳：立陶宛的獨立不是和蘇聯離婚，因爲原先就沒有結婚，祇是強姦。這個轉變，我們從前做夢也不敢想。在「運動」的早期，還有一位小說家貝奇維修斯（Vytautas Bepkevicius）出力甚鉅，但當時他是從環境保護運動下手的。

問：聽你這個說明，覺得這個組織和捷克的「公民論壇」很相似？

答：是，是很相似，都是作家、學者和知識分子組成的團體。立陶宛的團體自開始就有廣泛的羣衆支持，也許這是因爲知識分子能夠通過語言文字來表達人民的心聲吧。另外就是部份作家和學者在社會上的聲望，得到人民的信賴。現在戈巴契夫已經返抵莫斯科，今天（一月十四號）外電傳來消息，說蘇聯境內阿塞拜疆地區的民族獨立運動不幸釀成流血事件。我要特別強調，立陶宛的運動始終都是和平的。最近一次的大遊行，二十五萬人上街，但很有組織，除了燭光、唱歌和十五分鐘的默哀，沒有任何騷動。這種平和穩重，除了人民的自我約制，相信也和領導團體的組織能力有關。另外，在獨立的目標上，立陶宛共產黨和人民及「運動」團體是一致的，這也是個關鍵。立陶宛共產黨領導人甚至說：共產黨旗幟上的紅星淌滴着立陶宛人民的鮮血。所以用武力鎭壓目前根本不可能。

問：立陶宛自二次大戰後被蘇聯併呑，就有流亡文學的出現，目前流亡海外的作家和文化人有沒有介入？流亡文學在過去四十多年的發展和影響，大體如何？

答：我在一九八九年回去，逗留了一個夏天，主要是參與一部全新的立陶宛文學史的撰寫工作。過去的文學史都是蘇聯的官史，幾乎是政治宣傳品。現在我們要重新修史，不單是還原眞相，也是重建民族文化身分。一九八九年間，七十二歲的詩人畢勒宗拉斯（Bernardos Brazdzionis）也首次回國，所到之處，民衆聚集包圍，好像是英雄人物。畢勒宗拉斯流亡海外四十多年，但創作不斷，以抒情詩馳名，也一直批判蘇共，因此去年的轟動，不但說明流亡文學持續的影響，也進一步推動民族運動的發展。畢勒宗拉斯的詩過去一直是查禁的，但有地下流傳，而且流傳很廣，主要是靠讀者手抄流通。現在當然可以正式出版，而且還包括他非議批評蘇共的詩。至於流亡文學的發展，我們和拉脫維亞及愛沙尼亞兩個波羅的海鄰邦不同，我們的文學和出版物都以美國爲大本營（他們兩國集中在瑞典）。在波士頓、芝加哥和洛杉磯三地都有流亡出版社，出版流亡作家和國內被禁的作品。另外有三份日報，在加拿大也有一份日報。刊物方面，文化雜誌較有份量的有兩種，都在美國出版，一份是季刊，一份是月刊。另外還出版一份英文刊物。這份刊物主要是對外的，讓各國人士瞭解我們的國族文化和意願。過去所有海外流亡出版物都祇能偷運回立陶宛，現在都可以公開。海外的報紙正在和國內的報紙討論聯合出版的細節。目前立陶宛實際上已經完全沒有文字查禁，非常自由。地方上出現大量報紙刊物，過去一年大概有一百多種。這對未來新作家的培養，會很有幫助；當然目前報刊難免以政治爲重點。

問：你個人的計劃如何？是否打算回去？

答：我打算經常回去。可能的話，會回去教書。目前會繼續回去參加文學史新編的工作。另外，立陶宛新成立的第二所大學（在曾充臨時首都的第二大城 Kaunas）（目前只有一所大學和幾家學院），已聘任我和四十七位海外流亡學者專家擔任大學議會成員，其他四十八位則在國內，所以也會爲新大學而回國。

# 蘇聯

# 地下與地上之間

## ——談蘇聯非官方文藝團體「八一社」

美國學者及蘇聯當代詩譯者韋思靈教授（Donald Wesling）在一九八六年三月間訪問蘇聯，正是戈巴契夫「開放」期之始；事前曾與列寧格勒的非官方文藝組織「八一社」（Club 81）取得聯絡，抵達後有廣泛的接觸和交談，並曾正式發表演講。這在一九八六年間仍為極罕有的活動；由於「八一社」在西方幾乎完全沒有報導，文化界對「開放」初期之情況也不清楚，因此特別做了以下的訪談，在一九八六年八月刊出。此文與以下兩個訪談合觀，當可瞭解八十年代下半蘇聯文壇的復甦。

**「八一社」社員在官方眼中，都不是作家**

問：你最早是怎樣認識這一羣作家的？

答：赴蘇之前，我只在美國的文學刊物《Sulfur》上讀過阿嘉迪・特拉告莫斯申科（Arkadii Dragomoshchenko）的詩作。特氏是「八一社」的重要成員，也是目前唯一有作品譯成英文的「八一」作家。我是通過特氏的英譯者林恩・夏茲尼安和他取得聯絡。

問：這個「八一社」的背景和成員，能否介紹一下？

答：所謂「八一」，大概是指在一九八一年成立，好像沒有其他特殊意義。成員有七十多位，社長是波里士・伊凡諾夫（Boris Ivanov），編輯是狄米崔・佛爾查克（Dimitri Volchek）；社員包括詩人、小說家、散文家、畫家、文評家、藝評家、戲劇工作者等。他們全都住在列寧格勒，但在蘇聯官方眼中，都不是作家，因爲他們都不是「作家協會」的會員。「作協」的會員作家（也就是官方作家）有薪水，還有旅遊渡假等好處。「八一」文藝社的作家全都有自己的工作，寫作是公餘進行的。例如上面提到的特氏是工廠火伕，編輯佛爾查克是司閽兼打卡員。

問：「八一社」成員的作品能否正式出版？

答：「八一」作家大都是中年人；有些已有二十多年的創作歷史，但均從未出版個人專集，也從未正式發表。流通方式一般都是打字複印，地下流傳。這種情形一直要到一九八五年才有所改善。八五年，由於列寧格勒作家協會的默許和非正式支持，「八一」社出版了一部詩、散文、短篇的選集，題爲《環》。就我所知，這部選集的印行，先後與列寧格勒作家協會商談達兩年半之久。最後能夠面世，也是因爲近來官方政策比較鬆弛，加上列寧格勒作協比較容忍，較爲重視與非官方作家的溝通。

問：這樣說來，「八一社」的作家大概不算是「離心分子」了？

答：在過去，他們私下寫作，打字流通，隨時都會被視爲「可疑人物」。目前的情況大有改善。他們不是官方作家，但官方也默認他們的作家身分，容忍他們的存在，並通過作協來進行溝通。選集《環》的出版，不單是「八一」作家首次在蘇聯境內正式問世，也象徵了官方的新態度。目前「八一社」甚至有自己的聚會場所，也同時是一個小劇場，可以容納數十位觀衆。平時就是一間小茶館，租金每個月三十盧布。我和「八一」作家會面，除了在旅館，人多時也到那裏。在那裏的茶會也有作協代表出席。現在作協方面和他們進行溝通的是尤里・安特列耶夫（Yurii Andreev），這人看起來還挺和氣的。

**排斥政治性，刻意不寫官方認可題材，所以文學純粹性也弔詭地變成另一種「政治性」**

問：「八一社」在文學上有何特殊主張？

答：是各自爲政吧。因爲他們反對的正是官方文學的單一性和衆口一詞。如果說有什麼基本主張，就是他們都反對官方文學，認爲創作應該有繽紛歧異的面貌。就我最熟悉的特拉告莫斯申科來說，詩作相當個人性、內在化，意象有點超現實傾向，題材往往是內心感覺和道德狀況的沉思，對俄語有近乎神秘主義的觀點，語言的運用變化大，不守常規。基本上可說是實驗性、前衞性、刻意非政治性的詩作和文學觀。但正因爲他排拒政治性，不去寫官方認可的題材，他的文學純粹性也弔詭地變成另一種「政治性」。此外，特氏作品詩行特長，屬自由詩，和蘇聯詩特重韻律的傳統大相逕庭。另有一件小事也可以說明他們對官方文藝的態度。我在蘇聯時買了一本介紹十月革命的畫册，售價相當貴，但裝幀很豪華，臨走前覺得太笨重，且已看完，便想送給「八一」編輯佛爾查克，讓他轉售，也可以拿回點盧布。想不到這位一直彬彬有禮的作家，臉色變得很不自然，堅拒接受，並表示他們都不看這種東西的。其實，如果他們願意和官方合作，不但解除風險，且擔保「名利雙收」。一般來說，官方詩集的印量都在二萬至十萬，因爲蘇聯人民都喜歡看詩，壞詩也有點銷路；稿酬一般起碼在一千盧布以上。目前特氏每個月薪水只有八十盧布。而且和官方合作，還有房屋等優待，這是連鈔票都不見得能解決的好處。

問：在這種情況下，旣有威迫又有利誘，能夠堅持這麼久也眞不容易。

答：確實是不容易。但「八一」作家認爲他們的堅持，是對藝術的眞摯，是道德的誠實，因爲他們認爲入了「作協」就是妥協、投降。所以，寫作便成爲極孤獨的行爲，寫作純粹是爲了寫作，爲了滿足個人的創作慾望，完全不考慮到出版，更談不上名利，絕對是自我燃燒的行爲。作品除了相互私下傳閱，也從沒想到出版。也許正因爲這樣，這批作家有一種內在凝聚力，有一種團結性和互助，是美國作家及文壇所沒有的。這羣作家和一些離心分子不同的是，他們對西方知道得很少，而西方對他們也幾乎一無所知。

**蘇聯擔心知識分子和作家用電腦流通資料，發表作品**

問：你在列寧格勒還有什麼其他活動？

答：由於「八一社」和「作協」的溝通和關係上的緩和，「八一社」安排我作了一次正式演講，但場地卻由「作協」提供，就在「作協」大樓！我的演講是用英文，主要是介紹當前美國詩的各種不同路線和風貌。演講前一天，特氏和「八一社」的翻譯家 Misha Kazin 詳細審閱了我的講稿，遇到黑人詩人李萊・鍾斯略帶不文的口語詩，就改頭換面，口譯成可以接受的文字，以免引起官方的不快。特氏一再向我表示，希望加強多元性這個論點，來比照蘇聯作品之一元性，等於間接提倡前者。由於題材相當新鮮，當日擠滿大堂的聽衆，反應都很熱烈。演講時我注意到作協的一些重要人物也都細心聆聽。

問：你和這些作家可有其他私人接觸？

答：我主要和上面提到名字的幾位交往，尤其是特氏。我也到他們家作過客，也冒險回請他們，把他們幾位帶回旅館，一同吃飯。蘇聯的觀光旅館一般是不准本國人進去的，外國訪客均發證明進出，並有彪形大漢守門。我們那天很幸運，輕易闖關，在飯廳吃了一頓午飯。吃剩的麵包特氏太太還小心包好帶走，可見生活還是艱苦。當日也見到「八一」編輯佛爾查克的太太奧嘉，她是現代法國文學專家，但從未出國，也譯過一些前衞作品地下流通。我當時問她可想到西方走走。她回說，現在等於關在牢裏，那裏出得去，何況是他們這種知識分子。

問：官方出版社譯介現代西方文學的情況如何？

策：很少。當代的美國作品更少，當代美國詩幾乎沒有，有一些地下流通，在莫斯科也有一堆人在做翻譯。官方出版社特重短篇小說，海明威和厄普狄克都有。官方的研究員對外國文學好像也不很理解。例如我見到莫斯科蘇聯科學院高爾基世界文學研究所的美國文學研究員馬雅・柯倫耶娃，已經是該所美國文學研究的骨幹，但對晚近女性主義、解構主義均一無所知，對當代文學的發展的認識也近乎一片空白，這令我非常吃驚。不過，由於國家津貼，一般書籍售價很低，一些精裝書也不過是五、六毛美金。

問：有沒有讀到地下流傳的刊物？

答：有。是打字複印的，封面是塑膠的套子。但不能帶出來，因爲太危險。我進入蘇聯時海關檢查了一個小時。目前蘇聯雖然鼓勵和推動電腦的使用，以促進現代化，但又擔心知識分子和作家用電腦來流通資料及發表作品，因此嚴格控制電腦打印機。一般都只有電腦，不配備電腦打印機，因此也阻擋了地下文學用這個方式印製的可能性。但從發展科技的觀點來看，這是個兩難之局。

# 開放中的蘇聯文壇

## ——訪詩人特拉告莫斯申科

蘇聯詩人阿嘉迪・特拉告莫斯申科（Arkadii Dragomoschenko）從來沒有在蘇聯正式發表詩作，但其近乎神秘主義的語言觀、傾向超現實的表現手段、反韻律傳統的自由詩，在西方已被視為蘇聯詩壇新生代極富突破性的作品。特氏為列寧格勒非官方文藝團體「八一社」的中堅；該社成員包括詩人、小說家、散文家、畫家、評論家、戲劇工作者和翻譯家等，均非官方「作家協會」會員。該社成立於一九八一年，故名為「八一社」，因為反對官方文學的單一性和衆口一詞，特意不提出文學主張。「八一社」為八十年代初蘇聯少數民間文藝社團，官方一直懷疑監視。及至一九八五年戈巴契夫執政後，情況開始改善。八六年在列寧格勒「作協」負責人溝通之下，出版「八一社」選集《環》，並獲准開辦小茶館兼小劇場的聚會所。在一九八六年，通曉俄文並多次訪蘇的同事韋思靈教授（Donald Wesling），找了一批作家，成立一個小型基金會，向蘇聯官方申請特氏來美訪問。經過將近兩年的折騰，特氏終在八八年夏初獲准訪美。以下為與特氏多次對話的摘要，一九八八年十月七日刊出。

問：外界都說，在蘇聯，不是「作協」會員就不算是作家，在發表、度假、出國方面都有影響。自從戈巴契夫總書記提出「開放」（glasnost）和「改革」（perestroika）之後，情況是否普遍改善？

答：是有很大的改變。你們努力了兩年之後，我現在不就在這裏和你說話了嘛（特氏非常流利的英語帶有幽默嘲弄的語氣）。在七十年代，我們私下寫作都可以被視爲「離心分子」。到了八十年代上半，旅行和出國還是做夢都不敢想的。這次能夠成行，你們鍥而不捨之外，最後還是因爲葉甫圖申科的幫忙。要是沒有他的干預，恐怕還來不了（鄭按：葉甫圖申科爲當前官方認可的詩人中，在國內外最有聲望的，經常代表國家出訪，小說《漿果處處》幾年前曾獲國際海明威小說獎）。我遭遇困難，主要因爲我不是「作協」會員，不知道歸那個單位管。這回來不算是作家，算是私人旅行。

問：在蘇聯，文學一向特別敏感，也一直有「地下文學」的傳統，「八一社」和你的作品現在是否還算「地下文學」？

答：這幾年政策改變，非官方作家的文學稱爲第二文化，不算地下，算是另一種發展、另一種選擇。但現在官方和非官方已不是重要分野，因爲官方作家也開始接受我們的看法，這當然是因爲整個政治和社會情況的改變。目前，正統官方文學也在大大改變。除了大環境的變化，我覺得還有兩個促成開放的原因。第一，以目前科技的進展，莫斯科作協和列寧格勒作協兩個中心，都非常理解，要完全控制是絕不可能的，倒不如有某種妥協。第二，文學在蘇聯一向都扮演文學之外的角色，既是宗教，又是社會分析，甚至是政治行爲，因爲其他公共空間都封鎖了，文學成爲唯一可以「自由申訴」的領域，這是長期壓制下的無意成果。因此，一旦開放，文藝界的反應會最敏銳，也是很自然的。現在有很多新生代作品的討論，有人說是完全不同，這是著眼於實驗性和形式上的創新。有人說祇是發揚過去就有的吶喊傳統，因爲早在六十年代，不少作家就有過相同的詰問和懷疑，也一直要求「寬鬆」、「少管一點」。

## 文藝的春天眞的來了嗎？

問：那麼目前要算是「文藝的春天」了？要比六十年代初短暫的解凍更爲樂觀？

答：是的，大家都沒有想到會放鬆到這個程度。這和六十年代象徵性的解凍不同。當然，還是有很多寫慣教條的所謂作家，和不少文藝黨官，非常懷念從前的「好」日子。這些人也不時跳出來唱唱反調，還想用舊的一套來整人，給人戴帽子。

問：在外界看到的一些材料和報導，顯示目前嶄露頭角的作家(雖然有些已寫作近二十年)，並不很願意走到對立面去，就只希望政府少管，讓他們寫作和發表就夠了。這好像和過去「地下文學」的某種對抗性不大一樣？

答：是有這種情緒。一方面是不少揭露黑暗面的作品都可以正式出版，另一方面則是很多作家不預期政府能一下子完全改變，所以也祇能先企盼不再受干預。此外，對我們不少朋友來說，也不想喊什麼口號，亦無意搞新教條。黑白對立不見得是有效的策略，到底世界不是這麼涇渭分明的。而且，寫作是相當個人的；如果通過寫作改變了自己，那才可以改變讀者呀。因此，我們當作家能夠改變的，首先還是語言和表達方式。如果連自己最能改變的都改不了，那麼，單單要求政府開放，也解決不了問題。不要忘記，在一個文學僵化的社會，也許這才是文學家的首要任務。

問：目前文化氣候有這麼大的變化，文化黨官怎麼適應？他們如何因應新形勢？對那些特別「出格」的作家怎樣處理？

答：其實年輕一代大力往前衝，不少過去有作品不能發表的作家（很多是還不錯的老作家），私下很喜歡，因爲相形之下，他們的作品就沒什麼問題。太過「極端」的東西，還是有壓力的。此外，一下子開放了，很多作家和讀者有時也不習慣。這不是開玩笑。有一本新刊物每期都有來信欄，有些來信就說，自由很好，但有點無所適從，因爲不知道上限在那裏。這當然是長期束縛的結果。

問：「開放」口號提出後，過去長期封鎖的巴斯特納克、阿赫瑪托娃等大師的名作都「平反」，重新刊行。名作家雷巴科夫的《阿爾巴特街的兒女》也在完稿多年後順利在國內出版。電影界也明顯地大膽起來。在這種情形下，「地下文學」的市場如何？是否還很活潑？

答：過去長期令官方難堪的「地下文學」，終於在「開放」後逐步消退，不再成爲「問題」。因爲現在絕大多數作品都可以發表，「地下文學」都跑到「地上」來了。當然，有些特別敏感的作品就只能在小刊物或地方刊物發表，但出版不是問題。實驗性作品也有不少刊物願意發表。有一個相當重要的刊物就闢了個「實驗廣場」的專欄。現在的問題甚至不是官方內部的兩派鬭爭，反倒是批評界有內部鬭爭，另外就是作家自動分成兩邊，就是保守派和開放派，分別集結在不同刊物。當然，兩派內部也有各種傾向和程度不同的分別。目前各種宗旨的大小社團多到不得了，大多數都是民間「沙龍」形式，但通常都盡量找地方發表意見或作品。當然，有些比較獨特的「地下文學」，例如宗教色彩特濃的，還是存在的。

問：一般而言，官方作家的稿費和優待情形如何？聽說不少官方作家在定了等級之後，基本上就不大寫，都是領薪水過日子？

答：過去這種情形很普遍。再說，要歌功頌德有時候也不是那麼容易呀。官方作家祇要偶然發表一些作品也就可以對付，生活都很優裕，很舒服的，還可以出國和到風景區度假。最重要的是，官方作家隨時可以找出版社出書，酬勞就以名氣和私人關係決定，現在這種情形開始在變化。如果我沒記錯，前幾年普通一點的小說稿，一般以二十五頁打字稿作一單元，能拿四百到六百盧布，翻譯作品略低一點。詩就看銷路和名氣；一般都可以超過一萬本，待遇都不錯，是論行算。就我所知，葉甫圖申科的稿費是比較高的，通常是八盧布一行。

問：夠不夠生活？

答：很夠。因爲官方作家是拿薪水的，還有各種方便，例如分配住房和一些津貼，出書是額外收入，這和我們這些非官方作家很不一樣。「八一社」和我不少朋友都得工作謀生，像我多年就在工廠當伙伕，寫作不算職業，因此日子就過得很緊。而且一直到去年，能夠自由發表作品（雖然我的作品沒有政治性），也許是大家都沒想到的事。

問：在目前「開放」政策下，你們自行出版書刊的可能性怎樣？

答：這兩年大家都在說可以獨立個體出版書刊。自費也行，祇要不涉及軍事機密、國家安全和色情。但說了半天，實現起來還是很難，主要是各種資源還在官方出版社和雜誌社掌握中。我們在前年出版「八一社」選集《環》，還是得到當時特別開放的「作協」地方負責人暗中幫忙，所以印得比較正式，也可以「半地上」流通，甚至有一篇書評，這也是很意外的，因爲這種民間出版物一般是要抵制的。不過，這篇由「名家」執筆的書評是攻擊的，竟然說，政府得要好好想法子來對付「離心作家」。你看，才不過是前年，還有這種所謂書評，這是我們的合集出版後的遭遇。不過，現在情形在急遽變化，我來前幾個月，有一個新文學團體叫「詩功能」，舉辦一系列正式座談會，提倡散文和詩的某種結合。他們就正在籌備一本集子，洽商出版的對象竟是莫斯科大學，但仍然算是獨立刊印。此外，幾年前，獨立劇場都要正式批准，現在也開放了。我相信以我們原有的力量，應該很快就可以出版自己的季刊，在文藝界公開流通。

## 開始譯介禁忌的西方作品

問：目前「開放」政策下，有沒有大量譯介過去禁忌的西方作品？

答：這個問題並不完全是禁忌，當然禁忌也是不少。大概五年前，世界版權會議上決定，蘇聯境內翻譯外國作品要付版稅。官方一直有外滙困難，因此只能選一些版稅不高的，或是不用版稅的老作品。有些美國現代文學作品在美國政府支援下倒是順利譯出。詩人威廉斯就是比較著名的例子，另外也譯了些龐德的長詩《詩章》，還有福克納。由於這個版稅協議並不是單方面的，所以早些時我的美國譯者也得向蘇聯政府負責外文翻譯版稅的單位打交道，要拿到官方同意書才能刊行我的作品的英譯。我的作品其實都沒有在蘇聯正式出版和流通，但那個官僚單位也不問因由，說了個價錢，收到匯款後就賣掉我的「版權」，但連實際上賣了什麼都不知道。這是後來譯者告訴我的，因爲外匯收入自然不會分給我。不過，這麼一弄，官方其實也不能老說我不是作家，否則又怎能向美國賣版權呢。

問：這麼說官僚單位之間好像沒什麼聯繫？如果調查一下，應該也知道你的背景？

答：我想也調查過的。不過，能有收入也是表現，所以連非官方作家都賣起來。官僚單位一且成立，總得有點事做，否則怎能自我合理化。何況，蘇聯的體制一向臃腫肥大。就拿我這次出國申請來說吧，先是我的工廠單位領導要批准，這就弄了很久。跟著是黨委書記的盤問。然後是地方和中央的「作協」因爲我不是會員，不算作家，所以這關一直過不了。最後的公文蓋滿了各種章，最好玩的是，竟然有一個章是蓋上去證明其他的章都是眞的。不過，總算是放我出來了，而且是一個人，過去作家外訪都是兩個人結伴而行，現在對西方也開放一點了。

問：我最近有好幾個機會和東歐國家的作家對談，他們一般對蘇聯的變化都很關心。這些作家都是自由派，所報導的寫作情況很多地方和你們很相像。蘇聯境內的民間社團有沒有和他們聯絡。

答：就我所知，是完全沒有。一來聯絡不易，二來我們到底是蘇聯，我們的國家是壓迫者呀。東歐的自由派作家都朝西歐看，不會向我們追求靈感。

問：一九八七年十二月，流亡的蘇聯詩人布洛斯基獲得諾貝爾文學獎後，我在電話上和他作了個簡短的訪談。後來他回到美國又談過幾回。記得他一再表示，年輕時在蘇聯看了一些唐詩的俄譯，印象頗深。不知道你可有讀過中國詩？

答：我也唸過好些中國古典詩。譯本有好幾種。舊式押韻和自由詩體翻譯都有。我當然無法判別譯筆好壞，但都很喜歡。印象比較深的是杜甫，還有李白。不過，我特別喜歡的是你們的兩位道家，老子和莊子。尤其喜歡莊子的書，他的作品其實很有詩意。

問：你到美國東岸後，演講和朗誦活動很多，大概不會有時間回到西岸，如果我們在美國再碰不到，希望有一天能在列寧格勒見面。

答：這次來美國能夠結交一位中國朋友，非常高興。我也很希望將來能在列寧格勒再見，而且你可以向我們介紹一下現代中國詩。你對現代蘇聯文學這麼熟悉，你唸的布洛斯基就比我多（笑起來），相形之下，我對中國文學就太無知了，眞是慚愧。

# 禁忌・內幕・死魂靈

## ——托斯泰雅談蘇聯文壇近況

蘇聯女小說家塔狄安娜・托斯泰雅（Tatyana Tolstaya），一九五一年出生於列寧格勒，一九七四年自列寧格勒大學畢業。一九八三年間，短篇小說受蘇聯重要刊物《新世界》推薦發表，一舉成名。一九八七年加入蘇聯作家協會，同年在蘇聯出書。目前蘇聯內外的當代蘇聯文學評論家都認為托斯泰雅是八十年代蘇聯小說界的異數，值得重視。一九八九年她的短篇小說集在美刊行英譯本。一九八九年十一月間筆者與托斯泰雅的接觸中，談話內容很廣泛，有關當前蘇聯文壇的細節相當多。現僅將比較重要的蘇聯文壇現況，歸納成幾個主題，摘譯報導。

### 自由的困境

第二次世界大戰後的蘇聯文壇，八十年代末期大概是最複雜的了。文壇本來就複雜，但過去官方長期控制，起碼表面上有死板的秩序。近年來由於開放，對很多作家和編輯來說，要怎麼運用自由，成爲最大的挑戰。因爲，一向都掙扎慣了，用盡全力去和各種禁忌控制鬪爭，使得反抗成爲核心，而創作變得很被動，是高壓下的一種反應；現在什麼都可以了，於是就得主動去思考藝術上的發展和出路。這種情形不單面對過去在縫隙中掙扎的作家，也面對過去的「烈士」型作家。這類作家有時故意去寫些犯忌的題材，挑戰官方，準備坐牢。但現在連他們也不知道該怎麼做。

是不是完全沒有檢查制度呢？名義上可說沒有。因爲現行的檢查是行政命令，完全沒有法律根據。憲法上是有發表自由的明文規定；民法上也找不到任何可以支持文字檢查的。但過去一直都是以行政命令來推行檢查和控訴，所以是違憲的。但也就這樣自相矛盾檢查了幾十年。直至好幾年前，檢查還是很嚴重的。例如有一陣子政府推動「戒酒」運動，要大家少喝酒，於是文藝作品連「酒」字都不能提，這種檢查還包括風格和藝術實驗。我認爲文字和風格的審查，是最糟的。

**殘存的禁忌**

目前仍然依賴行政命令來進行審查的，名義上有三個範圍：第一是反對蘇維埃的作品；

第二是軍事機密；第三是色情。但既然現在沒有人明確知道什麼才是「反政府」，第一條等於作廢。作家當然不會知道什麼軍事機密，談何洩露，所以第二條也等於作廢。祇有色情才是比較有點準則。但由於過去禁制任何有關男女情慾的處理，現在的作品，尤其是電影，則走向另一個極端，似乎不大膽暴露就不是「新」作品，小說也很露骨，這個極端其實也有點不恰當。

在處理歷史問題和政治問題方面，史達林時期和史達林本人完全不會惹麻煩，是人人都可以從反面來寫的。不過，列寧還不可以攻擊。目前是把他當凡人、普通人來處理，還不可以反面評價。但有個別詩作已很接近反面刻描了。不過，詩比較隱晦，還可以過關。此外，有極少數題材有時還很敏感，例如高幹貪污問題、運動員吃特效藥之類。這類是報告文學的題材，要有根據，所以容易惹麻煩。有時太敏感的題材就無法出書，或是在印量上限制。不過，由於蘇聯雜誌發行量很大，加上傳閱和圖書館，有時一篇作品的讀者會多達五、六百萬。此外，從前不許影印，這兩年可以影印，也有便於流通。所以，限印和不許出書已不是成功的禁制方式。

**復活的死魂靈**

目前年輕一代作家和不少成名作家面臨的挑戰，不單是如何發揮創作自由，還有如何消化和接受死去的作家的作品。從二十年代到四十年代，有大量稿件從未出版，現在紛紛出土，這包括不少名家大師的作品，還有就是原來在海外出版的禁書。過去這兩類作品蘇聯境內不能大量行銷，祇有少數地下流傳，現在都正式發售，成爲熱門作品，出盡鋒頭。大家發現，很多舊作藝術成就很高，遠超於六、七十年代的作品。於是，死去的作家（也有一些是老作家的舊作）和活著的作家一同在新書市場上競爭，這是個很特別的情況。但另一方面，這些出土作品對當前文壇衝擊很大。對大多數作家而言，整個現代傳統（尤其是最寬鬆的二十年代）被中斷的惡果，就是沒有先例、沒有前驅。現在回看，二十年代的文學很有創意和啓發性，在語言和形式方面的開拓很大（十九世紀的文學是偏向意念方面）。但二十年代文學被禁六十年，損失很大，現在重新出版，還是相當震撼。我們想借鑑，但到底時空不同，相隔太遠，變成可以欣賞但已不合當前發展的另一個傳統。

**官方與非官方**

過去一直有官方和非官方（地下）作家的區別。官方作家享受固定薪水、房子、別墅、旅行和出國等好處；非官方作家則連作品都不能發表和流通。地下流傳（打字方式）是「非法」的。非官方作家的傳統往往是投入體力勞動，做工人或火伕維持生活（鄭按：蘇聯詩人阿嘉迪・特拉告莫斯申科就曾長期當火伕）。這些人有很多都是大學畢業生或專業人士，是自願當工人；既是抗拒不妥協的姿態，也是保障可以寫作自己相信、不是遵命製作的文學的方法。這些作家一般都不爲人知，祇有幾個同道，幾乎與整個社會隔絕。但他們都自信是在維繫蘇聯文學眞正的生命。這種非官方地下寫作有五十年左右的傳統。現在開放了，回頭來看，這個傳統並不能算太成功，因爲有些作家到最後忍受不了就移民，另一些堅持不下去，還有不少酗酒無法自拔。少數成功和倖存的現在算是熬出頭了，很受矚目，成爲名人，可以出版，有時被稱爲「新生代」。其實是不新不舊，甚至是舊。比較正確的說法，是過去的「地下的一代」。

**內幕大傾銷**

目前舊作出土。各類禁書和地下一代的湧現，是開放的果實。另一方面，開放也帶來一些新難題，最主要是煽情的東西。除了男女關係大膽露骨，其他煽情和刺激的作品也很多，搶走不少嚴肅文學的讀者。對新作家和新作品的出版有反面影響。例如報告文學就拚命去挖掘社會黑暗面，妓女問題（從前都不承認有妓女）和青少年生活之類。能夠報導社會黑暗面，是前所未有的進步，但有時候人人都在談妓女問題，好像無處不娼，也就有點過頭了。此外，新聞媒體（尤其是報紙）也加入這個陣營，專門找煽動的內幕或社會情況來報導，也增加了很多讀者。現在的報紙一般都銷路大漲，因爲講實話，大家興趣都來了；連《眞理報》都眞實起來，可想而知。

還有一種出版物很暢銷，就是過去的黨政內幕。這種內幕秘辛有三類：第一是親屬或本人的回憶錄；第二是黨政要人的生活內幕報導；第三是過去不少被逼害逝世的要人的回憶或作品。這類型作品的暢銷，出於大家的好奇心，這是很自然的事。這類內幕秘辛仍以史達林時期爲主。

**外國文學的禁制**

過去一直不能翻譯出版不少外國現代派或其他官方不喜歡的作品。早些時不但正式出版了卡夫卡，今年連詹姆士・喬埃思的《尤里西斯》都翻譯出版了。這本書目前很轟動。但我和不少朋友談這本書，雖然覺得對蘇聯文壇是個刺激，但又不知道要如何適當地對待和反應，因爲這書早已是歷史。這條路我們不能重複。總的來說，長期禁制西方現代主義文學，造成另一種空白，因爲缺乏知識也就無法反應（不論正反），沒有反應也就缺乏創作的新方向（不管好壞）。現在開放了，但這些現代主義作品又變成遲到的昨日新聞。當然，過去有些人可以直接看原文，但也限於看，而且這些的人是極少數。

目前在蘇聯比較風行的外國文學，是拉丁美洲的小說（這是指比較嚴肅的文學界）。也許很多情況拉丁美洲和蘇聯相當接近罷。在拉丁美洲小說中，加西亞・馬奎斯是最受歡迎的。

## 流亡作家的回歸

過去有不少作家流亡國外。當然，其中很多人是被放逐的。大概有九成都已經在近期回到蘇聯訪問。蘇聯作家流亡國外的很多，優秀作家也不少，但西方熟悉的祇有少數兩三位。目前回來的名家中包括伏依諾維奇等（鄭按：伏依諾維奇出生於一九三二年，爲當代小說名家，一九七四年被蘇聯作家協會開除會籍，一九八〇年被放逐，現居德國）。名家中尚未回來短訪的主要是兩位諾貝爾文學獎得主索忍尼辛和布洛斯基。不過，索忍尼辛的《古拉格羣島》已經開始刊行，布洛斯基的詩也已發表。

流亡作家一回到蘇聯，都立即成爲名人，成爲新聞界和編輯界的寵兒。訪問、報導和出版作品等都同時集中出現，使得這些在國外頗爲落寞的作家立刻成爲媒體人物。當然，流亡作家中有些祇是政治異議分子，作品並不好（流亡並不保證作品素質），但也常常因爲是流亡作家，迫使編輯不得不刊登作品。流亡作家中，有好些早已去世，例如布寧和納博可夫這兩位大師。其中納博可夫的作品重刊，是件大事，因爲他在三十年代流亡時的俄語小說（鄭按：一九四一年起納布可夫開始用英文發表長篇小說），是現代蘇聯小說發展史的一段遺忘、失落的重要環節。我相信納博可夫小說的重刊，會對我們文壇有深遠的影響，因爲他在形式和文筆上的探索，是後來蘇聯小說無法持續發展的。

# 當前蘇聯文化的惶惑

## ——訪評論家伊凡諾娃

出生於莫斯科的文學評論家納塔莉婭・伊凡諾娃（Natalia Ivanova），莫斯科大學文學博士，為《各民族友誼》主編，曾出版《特里豐諾夫小說論》（一九八四）、評論集《觀點》（一九八九）及《抵抗恐怖的笑聲》（一九九〇）等。先後獲《文學報》、《青春》及《星火》三大刊物的文學評論獎。一九九〇年更以《各民族友誼》的編輯工作獲戈巴契夫親自頒發文化獎章。《各民族友誼》為蘇聯作協支持的刊物之一，主要任務為將蘇聯境內不同民族的文學傳統譯成俄語，向全國介紹，為已有五十年歷史的刊物。以下為專訪摘要，發表於一九九一年八月二日。

### 重寫文學史，刊行過去的禁書

問：一九九〇年讀到幾篇討論蘇聯文學史的英譯文章，都倡議重寫文學史，能不能談談這個討論的情況？

答：這個討論已有一段時間。大前提就是，過去的文學史（現代的和古代的）全都不對，都要重來。但因爲工作開始沒多久，到目前還沒有一本出版。撰稿、編選和印刷都需要時問。現在很多專論出版，要打破神話。不少重要作家都重新估價，例如你稍早提及的告羅斯曼。此外，近年大量過去查禁的作品出土，也在重新談論。

問：重寫文學史的工作是什麼人在負責？

答：還是原班人馬。主要是兩家官方出版社，其中一家就是出版「高等教育文叢」的，但編輯部沒變動，都不很清楚要怎樣改。但「進步」和「純文學」等出版社，則刊行不少過去的禁書，都加上新序和導讀。我有些朋友也在計畫一系列評論書籍，專門探討過去不能談論的作家及作品。這類評論書都是集體的文集，會有不同的意見。

問：沒有欽定的文學史教材，舊的又不管用，大學裏的文學系怎樣教課？

答：就我所知，一般都不用特定的文學史，也就是不再搞從前那一套，直接讀作品。現代的部分通常就用作品前的導言，另外就是依賴目前出現的評論文章。不過，大學其實都很保守，列寧格勒大學也許比莫斯科大學好些。但眞正改變的力量來自文化界和文藝界，不是學界。

## 注重俄羅斯文學，忽略境內其他民族文學

問：你是《各民族友誼》的主編，對非俄語的各加盟共和國的民族文學比較熟悉，能不能介紹一下這方面的譯介和教學情況？

答：教學方面，以莫斯科大學爲例，講授蘇聯境內其他民族和語言的文學課程都很不理想。高加索、烏克蘭、波羅的海地區的文學全都沒有。這些都是有傳統、相當旺盛的文學。但倒有一個英文系。自己國境的不教，倒去優先教外國，也夠荒唐的。至於其他少數民族文學，祇教一學期，也是很糟。目前最緊要是先改善這些情形。至於教科書，目前還是舊的，完全忽略境內的其他民族文學。至於將境內其他民族文學譯成俄文來普及的情形，過去都是國家支援和補助的工作，在布里茲涅夫時代，每個少數民族文學都有一個官方代表作家。新作家都受壓抑，主要是老作家不肯讓新作家出頭，就用手段打擊。這五年多來，因爲開放和改革，少數民族作家都反對先通過俄譯來出版。在目前，少數民族作家在自己的加盟共和國會有更大市場。但從前的做法使到他們的作品能夠流通全國，有全國性的讀者。現在這個蘇聯市場不再存在。而各加盟共和國也都關心自己的文學傳

統。這是很自然的事，因爲一個民族總會先關心自己的文學。其實現在少數民族作家面臨的是市場問題；再加上俄羅斯文學也在往內看，祇關心自己，也就更難在全國出現。

**書刊大幅漲價，讀者大量流失**

問：你說的市場是指書市的情況吧？現在比較暢銷的是什麼？目前蘇聯日常生活的困難，對書刊的銷路有什麼影響？

答：前幾年大家都在讀過去的禁書。九〇年以來大變，都是言情、偵探、冒險，甚至色情小說。可能是讀者都念累了，再加上這些舊禁書有時候也令人很沮喪。目前很多小出版社爲了生存，都祇出通俗的書，祇想賺錢。克麗斯蒂的偵探小說大量推出，大概是目前蘇聯最流行的女作家。不過，克麗斯蒂也算好的。因爲歐美不少通俗小說有很多都非常糟。此外，伊安·法蘭明的〇〇七小說也有。甚至美國的通俗小說家阿瑟·希理都在嚴肅刊物出現。所以，有時會在刊物上看到希理和，比方說，追憶沙卡洛夫的文章同時出現。但是，儘管出版社都走些流行路線，讀者還是大量流失。例如一九八九年在「工人文化宮」弄個讀者座談會，一來就是上千人。一九九〇年秋天辦個類似的座談會，還是熱門話題，才來八十人左右。雜誌的訂戶到八八年年底還是在增加，但在物價波動、刊物自負盈虧的情形下，書刊的售價和訂費大幅上揚，因此訂戶都大量減少。例如《新世界》這麼重要的大型刊物，銷路從二百五十萬一直下降到四十萬左右。一九九一年的刊物訂費因爲缺紙都增加了兩倍。我的刊物九一年的訂費也是加了兩倍。另一本重要刊物《星火》周刊本來已漲到五十二盧布一年，但還想要漲，而一般人的平均每月工資是兩百盧布，一個退休教員或護士的每月退休金是八十盧布，試問讀者怎麼會不大量流失，因爲根本負擔不起。我看過一個統計數字，說一九九〇年十月的重訂率（就是續訂九一年）一般祇有十分之一。十一月是刊物的重訂期，但十月左右，政府拿去過往的盈利（如果有的話），叫各刊物獨立、自負盈虧，於是大家都漲價，這一來自然就打擊續訂率，因此很多小刊物都關門。文學和文化刊物由於發行量大，對文化生活的維持非常重要，這在省分尤其看得到影響。我特別強調刊物，因爲書的發行量小。長此下去，加上目前國家預算花在文化上的才百分之一，還不算通脹，可以預見的是文化生活越來越貧乏。學術研究刊物會更糟，因爲原有的津貼都取消了。我始終認爲文化工作是不能完全丟給自由經濟市場的，國家得提供點支援。現在海外的俄文流亡刊物經常出現國內刊物的捐款廣告，是否有效就不知道。

電視控制較嚴，害怕美式文化入侵

問：電視和電影的情況可否介紹一下？對閱讀人口下降有何影響？

答：電視近年來都買外國片集，例如迷你系列，因此也吸引不少讀書人，對閱讀人口下降是有明顯影響。官方有時希望以此安定人民。遇到嚴重政治困難，就放外國迷你片集。但都不放美國的。印象中祇有歐洲的和巴西的。電視目前也有更多的娛樂綜藝節目。但莫斯科的電視因爲中上層管理人員都是極端民族主義派，就是大俄羅斯主義那一套，也有不少相當民族主義的節目。比較而言，電視的開放就遠不如文學，控制還是比較多。此外，極端民族派害怕美式流行文化入侵，認爲這會敗壞青年，所以也努力控制。例如幾年前就大反MTV，還配合發了些批判文章，很反動。現在就不時播些片段，鬆了很多，也許是想吸引青年觀衆。至於電影的控制就不嚴，現在也上不少美國和西歐片。不上片或不能上片的，也可以在「錄影帶沙龍」看到，算是這兩年的新生事物。而且不少「沙龍」還是共青團主辦的。

問：這個新生事物能否多說一下，我不十分清楚。

答：共青團因爲有聚會和辦事場所，所以就可以在晚上辦錄影帶的放映，美其名爲沙龍，其實就是賺錢。放的電影都是外頭看不到的，例如"Road Warrior"之類的科幻暴力片，或者是美國恐怖暴力片。帶子的來源就看各人的神通了。共青團自然都有政治和官僚管道，弄得到一般人沒有的東西。就我所知，市面上也不是完全買不到，但非常貴；一卷原帶可以賣到一萬盧布。

## 國家機器不再反猶，文化界反猶卻方興未艾

問：自一九八九年以來就讀到好幾篇文章抨擊俄羅斯作家及蘇聯作協的反猶太情緒和反猶活動，都是英譯自《文學報》的。其中擔任人民代表和戈巴契夫顧問的小說家拉斯布丁更被點名批評。實際情況如何？

答：是非常嚴重。拉斯布丁還搞了個小集團，非常極端。過去的反猶，史達林時代是公開的，甚至說成國際陰謀。布里茲涅夫時期是暗底裏搞。現在是國家明文規定不許搞反猶活動，但長期的政策已毒化不少人的心靈。現在反猶的不是羣衆，而是作協裏的一小堆人。也有一些刊物是支持反猶的，例如《文學俄羅斯》和《莫斯科文學人物》，都是大俄羅斯主義。現在眞是什麼怪論都有，甚至有人主張將俄國現代文學一分爲二，所有屬猶裔血統的作家不管多麼重要和偉大，都要算是剛好用上俄語的猶太作家。這對於任何

略爲知道現代俄國文學的人來說，都會是不可思議的建議。一九九〇年有一期的《青年近衞軍》上，還有一篇文章倡議回到古老的多神拜物，因爲耶穌是猶太人，所以乾脆連俄國東正教的傳統都拋棄。這眞是頭腦發昏，但居然還發表出來。這篇文章提出一個「民族的布爾什維克主義」，就是說，不妨將民族主義和共產主義結合在一起，這個民族主義當然是大俄羅斯主義。我對反猶的反動言行做過不少公開抨擊。在一個演講裏，我將目前的反猶歸結爲三種。第一種是公開的法西斯，就是全無理性的仇恨；第二種就是剛才提到的民族的布爾什維克主義，這個比較危險，因爲不少黨政人員都有這種傾向。第三種是敎條的反猶，就是將西方和跨國公司視爲外在的猶太假想敵。而俄國猶太人則是內部敵人，都是要逐步搞垮俄國，這是基本上不滿目前戈巴契夫對外開放和放棄霸權的另一股保守逆流。現在的情形是，國家機器不再搞反猶，但文化反猶正開始。因爲反猶到了要「淸除」俄國文學上的猶裔作家，也就是要消滅自己的文學傳統的一部分，那是非常嚴重、一定要努力抗爭的事，而且這種言論出自蘇聯作協主辦的《我們同時代的人》，尤爲不可原諒。（鄭按：稍早提及的《青年近衞軍》，爲全蘇共青團中央機關刊物；《新世界》爲蘇聯作協機關刊物之一；《星火》則由眞理出版社出版；《文學報》在獨立前原爲蘇聯作協理事會機關報。以上四個刊物均爲文藝和社會政治綜合性雜誌。）

# 義大利

# 當代義大利文學風貌

## ——訪琵安卡・弗拉博塔

琵安卡・弗拉博塔（Bianca Maria Frabotta）為義大利知名女詩人及評論家，活躍於當代義大利文壇；著作甚豐，有詩集三種，評論集兩種，及二十多篇散論。弗拉博塔女士長期任教羅馬大學，為現代及當代義大利文學教授。

這個訪問，承義大利記號學專家 Teresa de Lauretis 安排，Pasquale Verdicchio 博士提供參考資料，Stephanie Jed 教授義務即時傳譯，特此致謝。本文一九八七年十月刊出。

問：義大利著名小說家莫拉維亞（Alberto Moravia）在一九八三年的一個訪問裏曾說：「義大利當代文學的特徵是個體性……在今日的義大利，沒有一個占主導地位的文學流派；每個作家走自己的道路，寫自己愛寫的內容，採用自己認爲最合適的表達方式。」

你是詩人，也是評論家，請問你對莫拉維亞這個看法有什麼意見？

答：這個說法相當正確。因爲在當代義大利文學的發展中，最後一次出現文學運動、文學團體、文學宣言，是在一九六三年，也就是現在史家稱爲「六三集團」的。這是個前衞文學團體，也可說是「新前衞派」或「新現代派」，因爲義大利很早就發生過現代主義運動。這個團體有一個特色，就是要將文學創作與科技發展作某種聯繫，要將人文學科的新發展和新方法，與創作結合。不過，這個「新前衞派」到了一九六八年完全崩潰。一九六八年的社會運動震撼整個文化界及文藝界，瓦解了原有的共識。基本上，一九六八年的抗議運動之後，也就沒有什麼流派的存在了。在一九六八年後，每一位重要作家都被稱爲「後前衞」的。這個籠統的稱謂，正說明了寫作的分歧和難以歸類。如果勉強要說六八年後有什麼較爲突出的傾向，那就是達里奧・傅（Dario Fo）的政治化劇場。達里奧・傅很早就是戲劇名家，但他在六八年後之劇作，則明顯地與當時的政治、抗議運動掛鈎。不過，這種政治化的情況，只在劇場發生，詩和小說沒有這種徵象。

問：國際知名的小說家卡爾維諾（Italo Calvino）與莫蘭黛（Elsa Morante）在這兩年先後去世。另兩位蜚聲國際的大家莫拉維亞和娜塔莉雅・金斯布格（Natalia Ginzburg）亦垂垂老矣，前者七十九歲，後者七十歲。現在尚頗活躍的夏俠（Leonardo Sciascia）

已六十五歲了。照你看，目前義大利文壇較有潛力的接班人有那幾位（鄭按：莫拉維亞和夏俠也先後於一九九〇年和九一年逝世）？

答：（笑起來），如果以國際知名度，當然得數艾誥（Umberto Eco）。但艾誥（又笑起來）只寫了那麼一部小說（按：《玫瑰的名字》）。嚴肅地說，艾誥當然不能和卡爾維諾、莫蘭黛等相提並論。與其預測將來的成就，我不如舉兩個例子，說明目前的一些傾向。第一個是曾留學美國的小說家薩勒提（Gianni Celati）；他是卡爾維諾生前曾經大力提拔的作家。他本來是屬於前衞派的，後來反叛，改走語言實驗路線。所謂實驗，不是指現代主義的那種語言革命。你大概也知道，義大利方言衆多，嚴格地說並沒有一個完全統一的義大利語；但在當前的社會，電視的普及使到電視上的語言籠罩整個社會，也籠罩了所有的方言。薩勒提的嘗試，就是使用這種中性的電視語言來寫作，因此超越了地方方言，看不出地方色彩，成爲一種中立、中介的語言。第二個例子是詩人馬格萊里（Valerio Magrelli）。在六八年之後，不少青年詩人的詩作都走抗議路線。馬格萊里近年來的作品回到過去義大利詩的冥思、哲理性傳統，而且相當納稀斯的、內心的；他的詩作形式簡單，風格客觀，但努力要在思想上深入。

問：從二次大戰後到五〇年代中葉，義大利小說界有「新寫實主義」的運動。這個運動雖然消失了數十年，但對後來義大利小說的通盤發展，有沒有影響，或是什麼痕跡？

答：有的。尤其是莫蘭黛的代表作《歷史》。這部長篇小說出版後（一九七一——七四年），引起很多爭論。這部作品既是歷史小說，又是對歷史之沉思，既是小說的虛構，又是對現實世界的再詮釋。相對於前衛派之打破傳統結構，或可稱爲一種「新『新寫實主義』」，是對「新寫實」的局部回歸。此外，「新寫實主義」一直對專寫社會下層的小說家有某種吸引。但他們對「新寫實」並不是亦步亦趨，形式上也意圖突破。例如巴勒斯崔尼（Nanni Balestrini）的《我們需要一切》，全書只是一個工人的訪問，沒有任何虛構情節及結構安排，訪問紀錄的發表就構成整部小說。另一個代表是馬拉伊尼（Dacia Maraini）的《女賊的回憶》，就是一個正在坐牢的女犯的訪談紀錄，小說只是訪談的文字紀實。這兩個例子都可說是「新寫實主義」的啓發。

問：你說的這類紀錄小說，是否有可能受美國的「新聞小說」、所謂「非虛構小說」的影響？例如諾曼・梅勒和楚門・卡波提的一些作品？

答：我想沒有，而且很不一樣，因爲梅勒和卡波提還是有相當多的加工。比較起來，夏俠一些根據新聞事件寫成的小說，要接近一些，例如夏俠寫義大利前首相摩魯被綁票的那部小說。

問：目前夏俠在義大利文壇的評價究竟怎樣？可有英美等地之高？

答：夏俠非常有名，也極受歡迎，而且是目前極少數享有國際聲望的義大利小說家。他的特點是雅俗共賞。撇開流行小說不談，義大利的嚴肅文學，小說一般也很少超過十萬册的銷路。莫蘭黛的《歷史》曾經在兩個月內打破十萬册，但這是非常例外的情形，也和當時出版商的推銷手法及眼光有關。如果單談嚴肅的文學創作，夏俠是非常暢銷的作家。這可能和他喜歡採用中篇形式有關，因爲現在的讀者不容易慢慢消化大部頭作品；另外，夏俠的黑手黨題材也是吸引讀者的原因。他確實是當代義大利文壇的異數。

問：夏俠的小說常以西西里爲背景，地方色彩相當濃厚，是否可視爲地域作家，就像美國的南方作家？

答：西西里島的傳統不算是地方傳統。雖然他的作品有地域色彩，表面上有明確的地理規範，但他的視野並沒有受到地理上的局限。夏俠其實是很世界性的，他的作品始終在地域性與世界性之間維持微妙的平衡。他的情形很接近另一位西西里作家皮藍德羅。

問：義大利有好幾個文學大獎，例如斯特羅加獎、維阿雷焦獎等，這些大獎對創作有沒有具體的影響？

答：（笑起來），這怎麼說呢。這些獎當然重要，但不是對作家，而是對出版社及其主編，因爲得獎可以提高出版社和主編的聲望。對創作很難說有什麼直接影響，而且每年都有很多幕後活動。在五〇年代，大家對維阿雷焦獎看得特重，視爲重要榮譽，但現在也大不如前了。得獎與否，現在甚至對作品的評價及定位都沒有太大的影響。眞有什麼具體影響，大概就是那筆獎金了。以最近的滙率計算，約在一萬五千至二萬美元左右。此外，我想指出，義大利是文學獎非常繁盛的國家，甚至小城鎭都有文學獎，所以得個獎，算不了什麼。

# 拉丁美洲

# 文學・霸權・拉丁美洲

——富恩特斯談片

墨西哥小說大師卡洛斯・富恩特斯（Canlos Fuentes）在一九八八年十月初來聖地牙哥加州大學訪問。由於逗留時間不長，而小說家近年來國際矚目，節目安排極為緊湊之外，一直被與趣不同的讀者包圍。訪問期間，除座談和訪談，還以「美國與拉丁美洲」為題發表公開演講。現在根據這段時間的多項談話紀錄摘錄迻譯一些國人或較感興趣的片段。由於富恩特斯的政治論點已引發拉丁美洲文化界的辯爭，並已造成拉丁美洲文化界近二十年來的第二次分裂，因此以一半篇幅摘譯政治話題。

## 成長於三大洲

我小時候在華府上學，因爲那時我父親是墨西哥派駐美國的外交官。有好一陣子，連自已都覺得很美國化，幾乎是美國人了。這種幻覺終於在一九三八年粉碎。那一年，墨西哥的總統將油田國有化。有些同學取笑我，叫我「小墨西哥共產黨」。我有強烈的國族感，就打這個時候開始。

後來父親奉調其他地方，也就不斷搬遷。所以先後在巴拿馬、法國、瑞士等地居住上學。十五歲左右，在阿根廷上學，正是裴隆政府當權的時候，學校的教育不很正常，要學生進行對裴隆的個人崇拜，呼喊口號。但是，在智利居住的時候，倒是拉丁美洲詩壇的高峰。那時聶魯達和米斯特拉爾正活躍於智利文壇（按：後來這兩位作家都榮獲諾貝爾文學獎）。那個時候的智利是非常自由民主的國家。我突然感到，整個西班牙語都是鮮活跳躍的，不但是在文學領域，連政治範疇也一樣。我在這個時候對語言在文學及政治方面的無窮盡的可能性，開始有了體會。

## 英美小說的衝擊

因爲我在美國成長，對英美文學有比較第一手的認識。拿英國文學和西班牙文學比較，我注意到，前者從喬叟到喬哀斯，文學傳統一直沒有中斷。但後者在《唐吉訶德》之後，就後繼無人。《唐吉訶德》是歐洲第一部稱得上偉大的現代小說，但西班牙卻要等到十九世紀，才有第二位偉大的小說家。這無疑是一個很大的挑戰，因爲人家發展了將近兩個世紀的傳統，西班牙要在短短二十年補充完成。

自此之後，英語文學傳統一直刺激西班牙語創作。直到今天，我還覺得，英美小說的種種創新，甚至後來變成傳統的創新，對拉丁美洲小說家尚有衝擊，正因爲在我們的語文世界，這些已成傳統的創新還對讀者有震撼力。對拉丁美洲小說家來講，不斷求變，革新語言，不讓西班牙語變成「睡美人」，是非常重要的任務。

## 西語文學的國界

我是墨西哥公民。但是，我一直認爲不要太過強調墨西哥文學，或是秘魯文學，甚或是北美文學。這種說法太過地域性。我認爲，寫作是在某個語言傳統中進行的，這個分野才是最重要的。如果一個西班牙語作家的作品對整個西班牙語文傳統有貢獻，那是眞的貢獻，不能用墨西哥、巴拉圭或西班牙來做分界。如果一個作家對墨西哥的西語文學有特殊貢獻，那也應該是對整個西語文學傳統有貢獻。

當然，文學必定有深遠的國族及地域的根源，但對我們來說，最終還是要和一整個語言世界打交道，並不能自外於這個世界。而且，說到最後，讀者不見得關心作家的國界，甚至作家原來創作的語言，而是作家想像世界的優劣和質素，我相信米蘭・昆德拉和加西亞・馬奎斯的讀者，並不是因爲他們是捷克人或哥倫比亞人，才去捧場的，而必然是因爲他們的想像世界吸引人，能夠向不同國家的讀者傳達。

## 魔幻現實主義

拉丁美洲兩位前輩作家，瓜地馬拉的艾斯杜里阿斯（按：諾貝爾文學獎得主）和古巴的卡彭鐵爾，其實和法國的超現實主義淵源深厚。他們原來都是法國超現實主義運動者的朋友。我一向認爲，拉丁美洲的魔幻現實主義是對超現實主義的回應，而這兩位前輩小說家都認爲拉丁美洲有自己的超現實主義，不必外求，而這就是來自印地安民族神話傳說的超現實主義。

六十年代，拉丁美洲文學非常蓬勃，在這個「爆炸」期，魔幻現實主義特別風行。我的早期作品也有不少可以這樣歸類，但我一直覺得，眞正密切的血緣倒是超現實主義，還有就是「哥特」風（按：泛指可怖、怪異、殘酷的題材）。六十年代的「爆炸」之後，拉丁美洲的小說就越來越分歧，變化越來越大，風貌也殊異得很。這對稍微留意拉丁美洲小說發展的讀者，應該很明顯。

我在一九八八年年底要出版的小說《待產的克里士多弗》，有點幻想成分，也有政治色彩。這本小說寫一個叫做「墨美國」的國家，領土是在墨西哥和美國之間，受兩國的文化影響，但這兩種文化在這個國家不會打架，而是健康地交融。不過，這個國家也有不少夾縫之中的問題，例如本國文化的界定，國民流動打工，毒品的流入和輸出等，都是典型的困擾。

## 兩種文化的差異

美國和拉丁美洲（不一定就限於近鄰墨西哥）繼承的歐洲文化本來就大不相同。前者是盎格魯薩克遜的，比較冷。後者是地中海文化，比較熱。此外，拉丁美洲還有非洲、葡萄牙和印地安民族的文化，都融合在一起。直到今天，美國對拉丁美洲的文化及種族多元性，還是弄不清楚。美國常常只能以自己的文化傳統培養出來的觀點去瞭解拉丁美洲，因此不時將問題簡單化，要黑白分明，「好」「壞」對立；再加上美國和蘇聯的爭霸，拉丁美洲也就無緣無故被捲入兩個超級霸權的所謂「東西」對峙。其實對拉丁美洲而言，只有南北問題，沒有「東西」兩大陣營的意識形態之爭。這都是活在美國這個強大鄰邦陰影下，不幸的結果。難怪從前有一位墨西哥獨裁者曾經說過：「墨西哥眞可憐，離美國太近，離上帝太遠。」這個笑談也不是完全沒有道理。

## 美國沒有干預權

美國的建國本來是反帝反殖民的，而美國的民主政治對墨西哥的民主發展很有影響。然而，儘管美國以民主共和立國，反對霸權，但一旦面對拉丁美洲，卻又擺不脫霸權心理，甚至連一些開國元勳也有這種思想。到十九世紀末，美國對拉丁美洲的霸權壟斷終於完成。美國單方面宣佈的門羅主義，就是這個自我矛盾的最佳說明。門羅主義認定拉丁美洲是美國的勢力範圍，不准歐洲介入。這以後美國就一直干預拉丁美洲的內政。長期揷手古巴之外，後來還出兵瓜地馬拉，及至一九七三年又推翻智利的合法政府，斷喪智利悠久的民主傳統。這祇是幾個例子。試問美國作為一個民主國家，有什麼權利這樣做？如果倒過來，拉丁美洲干預美國的內政，美國肯定不能接受。當然，戰後的干預和兩個美洲的經濟發展有關。北美是最高度發展的工業經濟大國，拉丁美洲則一直貧窮或落後。強國自然有力量去干預弱國。

不過，美國的干預也和某種心結有關。例如一九一三年美國推翻墨西哥共和政府，但這個政府和共產主義風馬牛不相及。到了一九二七年，美國古列治總統就咬定當時的墨西哥政府是共產黨，開始在表面上拿出意識形態來將行為合理化。到了戰後，幾乎完全是以反共理論來遮掩其霸權心態。但到今天，這個政策是維持不下去的了。民族主義的力量是不容忽視的，蘇聯侵略阿富汗，結果也是焦頭爛額。

## 民主不能輸出

美國對拉丁美洲各國的國情及傳統，往往不很清楚，所以一旦遇到問題，總是以東西兩大強權爭霸的心理去處理。其實情況不一，應該個別瞭解、個別處理。美國必須明白，革命其實是不能輸出的，就像美式民主無法原裝出口一樣。革命的爆發，必定有其內在自發原因。例如尼加拉瓜，從來就沒有民主傳統，基礎也建立不起來，革命到了最後就成爲無可避免的法子，而革命本身也就建立另一個傳統。美國一旦遇到這種情形，例必鎮壓，不去瞭解，更不要說是支持。另一些國家，因爲曾有民主建制，就比較容易（或可能）回歸民主傳統，例如阿根廷和目前尚在軍政下的智利。其他如委內瑞拉和哥斯大黎加，也能逐步改善，終於完成民主改革。由此可見，美式民主和暴力革命這兩端之間，並不是沒有其他選擇。美國還得理解，議會民主也有不同方式和不同途徑。西班牙語系國家的民主發展就不見得和美國一樣。舉例來說，西班牙在本世紀的民主運動，要到佛朗哥去世後才成功，但這也不是從天而降的，原有的一些基礎，例如中古以來就開始的司法獨立和城鎮自主權，及十九世紀以來知識界的摸索等，都爲後來的民主政治打下基礎。

### 展望未來的發展

美國在將來必須在國際法治的基礎上，加強與拉丁美洲的跨國組織合作，在和平、守法、互相尊重的情況下，共同解決拉丁美洲的問題。要有合法性，才有合理性。要對抗蘇聯霸權的話，首先不要成爲另一個霸權。拉丁美洲八國的康多羅拉協議，主張限武、停運軍火、外國撤離，和比較長期的經濟、文化、政治解決方案，不失爲維繫拉丁美洲獨立、自主、和平的可行策略，但美國一直不肯接受。諾貝爾和平獎得主哥斯大黎加總統艾理阿斯提出的拉丁美洲和平方案可說是這個地區的獨立宣言，也是確切可行的。我希望美國能夠明白，強權干預不能解決這個地區的問題，談判、外交、地域合作，才可能達到目的。拉丁美洲既已提出解決自己問題的方案，美國作爲鄰邦，再加上「歷史淵源」，應該實事求是，在平等互重的原則上合作，方能解決問題，達致和平及穩定。試問如果衝突不斷，又如何能夠互濟，一同穩步進入二十一世紀？

### 知識分子的責任

在拉丁美洲，社會一向都要求作家介入現實；這成了傳統。而且，很多時候，如果作家不敢說話，就沒有人會說話，最後是一片沉默。拉丁美洲知識分子會有這麼大的影響力，是因爲新聞界或政治團體或工會都不去碰的，他們也敢去摸。當然，由於社會的改變，民主政治的普及，這個角色也在轉變中。不過，如果作家盡言責，那也只是一個公民應該做的事，是公民義務，並不是因爲當了作家。其實，以今天的墨西哥而言，作家是不會自視爲社會的代言人，他也只是代表一個人的意見。誰要自以爲可以代羣衆發言來決定什麼，擔保被人丟番茄。

其實，如果文學並沒有唯一的創作法規，沒有人能夠中止其生長和變化，那麼政治也一樣，沒有人擁有最後的、絕對的眞理。

# 中東

# 中東・文學・政治

## ——賽依德教授談片

愛德華・賽依德（Edward Said）教授，是國際馳名的文學理論家，也是「巴勒斯坦國民議會」成員。一九八八年十一月十五日「巴勒斯坦國民議會」在阿爾及利亞宣佈獨立建國時發表的獨立宣言，卽由賽依德教授負責起草及翻譯成英文。一九三五年出生於耶路撒冷的賽依德教授，自一九七七年起，卽代表「國民議會」與美國政府高層斡旋，促進中東和平，謀求所謂「巴勒斯坦問題」的解決，是該組織在美國最活躍的代表。賽依德雖長期介入現實政治，但論著未曾稍減。文學理論專書有《康拉德及自傳體小說》、《起源：立意與方法》和《世界、作品與評論家》；文化批判有《中東學的偏差》（直譯《東方主義》）、《西方傳媒裏的伊斯蘭》和《文化與帝國主義》；政論有《論巴勒斯坦問題》；報導文學有《最後的天空》等。以下報導一九八九年二月一日刊出。

## 馬富茲的意義

納吉布·馬富茲是當前阿拉伯語文學界最偉大的小說家。一九八八年的諾貝爾文學獎是遲來的榮耀，祇是對他在阿拉伯文學界崇高地位的追認；不過，這個國際性大獎當然有助於西方知識界對他的認識。長期以來，基於種種文化及政治的原因，阿拉伯語及文學都是歐美最不熟悉的，雖然歷史上中東地區及文化曾經與歐洲有錯綜複雜的關係。

阿拉伯文學傳統一向沒有西方現實主義模式的小說（Novel）。這個文類是來自西方的新形式。由於馬富茲寫作生命特別長，我們甚至可以說，他一生的創作過程，自三十年代至今，其實是歐洲小說歷史流變的高度濃縮。他不單是雨果和狄更斯，也是左拉、高爾斯華綏和湯馬斯·曼。當然，這和他的作品風貌多樣、手法迴異也很有關係。

另一方面，小說這個較便於模擬現實的形式，在阿拉伯文學界，一直都和現實環境息息相關，成爲介入現實的文類，將作者和讀者一同捲入這個地區本世紀的社會及歷史劇變。馬富茲著名的《開羅三部曲》（一九五六年至五七年），涵蓋整個埃及現代社會、文化、政治的變遷，也是國族意識的追尋定位，在一九五二年埃及獨立後扮演了重要的意識形態角色。六十年代末期的長篇和短篇小說，對一九六七年十月戰爭的實際情況，有尖銳的透視和批判，但又同時對巴勒斯坦人民的抵抗深表同情。一九六七年的長篇《米拉馬爾酒店》雖有實驗性，但也是對獨立革命後的失敗，無情地剖析。一九七九年埃及和以色列的和平條約，馬富茲是文化界唯一出面支持這個條約的家喻戶曉人物。他的作品因此也一度被埃及以外的阿拉伯國家下令查禁。他的立場在埃及也是非常孤獨和不受歡迎的，但過了不久，他這種勇氣和遠見反倒更獲尊崇。

## 埃及的文化位置

馬富茲是埃及的阿拉伯小說家。但他的影響和地位是遠遠超越埃及國界的。這不單是他的藝術成就所造成，也和埃及的特殊文化地位有關。由於埃及的地理位置、幅員和國力，一直在阿拉伯世界都舉足輕重；這在文化上尤其突出。開羅長期以來都是阿拉伯世界的出版、電影、電視和廣播中心。舉例來說，摩洛哥和伊拉克兩個國情就大不相同，但兩個國家的阿拉伯人大概一輩子都是看開羅的電影和電視片集的，因此也有另一種共同語言。自本世紀初，現代阿拉伯文學的誕生和傳播，都是以開羅爲中心，逐步向其他阿拉伯國家擴散的。這個特殊的文化角色，並不是埃及以什麼強權爭取來的，而是源於埃及特別凝固的國家民族意識。二十世紀的埃及，經歷戰爭、動亂和帝國主義的強暴，但其文化身分和自我意識從沒動搖，而這種穩定和傳承正是馬富玆可以依賴和吸取養分的。這也許是埃及小說家相對於其他阿拉伯作家的優勢。馬富玆的探索和成就，不但成爲傳統，而且能夠延續下去。例如吉坦尼（Gamal Ghitani）不單沿襲馬富玆的一些手法，連好幾本小說的背景也都繼承了馬富玆《密達閣胡同》（一九四七年）一書的地區。這種從精神到實際的傳承，也祇有開羅的存在及埃及的國族身分才能確保的。

## 巴勒斯坦的文學特性

埃及的阿拉伯詩文學的持續性，是其他阿拉伯國家有時不能冀求的奢侈。一九四八年巴勒斯坦就突然不再是一個國家了，人民也大量四散（鄭按：賽依德教授本人卽在該年隨家人流亡埃及）。一九八八年十一月十五日是宣佈再生了，但還祇活在紙上。同樣，黎巴嫩則自一九七五年四月開始分崩離散，不成爲國家了。因此，對於巴勒斯坦的當代作家，小說無疑是不易經營的一種文類，因爲背後沒有穩定的社會支撐。所以，巴勒斯坦作家的題材有急切的政治性，關心的經驗往往非常介入。但這並不是說，巴勒斯坦作家的文筆和視野就自囿於一種粗糙的現實反射。正因爲巴勒斯坦和黎巴嫩作家活在一個生死存亡無法預測的時空，每一分鐘都可能是一場變故，小說形式成爲隨時可一不可再的嘗試，敍述的過程是也許不能再修改的，因此在其急切的介入背後，又另有一種冒險和實驗的精神。例如一九七二年在貝魯特遇害的格桑·卡納法尼（Ghassan Kanafani）的小說《陽光下的人》（一九六三年），表面上是描述巴勒斯坦人掙扎與死亡的現實故事，但其時空的曖昧性和語法的解體，則又不斷詰難故事本身的現實性。

## 沒有疆界的國家

由於這個地區的長期動盪不安，文學家都會投身於有社會效應的作品。其中新聞工作是最普遍的，介入政治更是很自然的事。一九八八年十一月我在阿爾及利亞參加「巴勒斯坦國民議會」時，負責獨立建國宣言的草稿的就是詩人邁哈穆德·達維殊（Mahmoud Darwish）。我們將近六年沒有見到，但重逢卻是在近年來中東最具震撼性的會議。達維殊根據各委員會通過的細則完成初稿後，我負責修飾，最後又譯成英文，向全世界發布。在這個會議，我們不但宣佈要在約旦河西岸及加薩地區建國，也同時主張在整個巴勒斯坦地區，由以色列和巴勒斯坦國分治，在和平共存中確保兩個民族的獨立自決。以色列自一九四八年宣佈立國以來，是全世界唯一沒有正式公佈疆界的國家。而事實上以色列不但強佔在一九四八年時七成以上居民均爲巴勒斯坦阿拉伯人的土地，還不斷擴張領土。一九六七年戰爭後所佔領的約旦河西岸和加薩地區，本來完全是阿拉伯人的居地，現在不但特意安排了六萬五千名猶太人來做「新住民」，還隨意沒收了近五成的土地。自一九七四年以來，我們的「國民議會」即一再強調以兩個獨立國家的政治方案謀求和平解決，而這個方案的基礎就是聯合國的兩個決議，一九六七年後的二四二號決議和一九七三年後的三三八號決議。長期以來，以色列的立場是極爲矛盾的，一方面要求我們接受聯合國決議，但另一方面又不承認聯合國支持巴勒斯坦阿拉伯原住民的建國決議。現在我們比這兩個決議還要鮮明，非常清楚地承認以色列的既有存在，連唯一支撐以色列的美國，也終於不得不放棄原有的立場，和我們的組織對話溝通(目前以色列的美援，已達每位國民平均每年一千四百美元，而軍援則高達每個士兵一萬美元！)，試問以色列還能繼續鎭壓西岸的抗暴（Intifadah）多久，尤其是現在連美國猶裔都反對這種天天殺人的暴行？

**西方傳媒的霸權**

長期以來，由於西方傳播媒體的偏差誤失，以色列對境內及佔領區的巴勒斯坦阿拉伯人的歧視、壓制和迫害，雖然嚴重違反聯合國人權聲明和日內瓦會議決定，但還能避開反面效果，主要還是過去傳播媒體對巴勒斯坦缺乏比較平衡客觀的報導。這種偏差並不能單單歸咎於所謂以色列的宣傳機器和美國猶裔的狂熱支持，其中也有文化偏執和成見。舉例來說，很多年前有一家出版社想出版一套亞洲、非洲和拉丁美洲的文學譯叢，叫我提供一些代表性作家的名字。我當時就提出馬富茲，大力推薦。結果出版社負責人考慮很久，回說馬富茲並不合適，理由竟然是：阿拉伯語在西方是所謂「有爭議性」的文字。結果馬富茲的小說就沒有考慮。開羅美國大學推動馬富茲的英譯，已經是很多年後的事。而且遺憾的是，這套英譯水準參差不齊。

大家拋開偏執和成見，面對現實，謀求和平共存，是目前唯一可行的道路。現在我們的組織作出這麼多的讓步，等待的就是以色列善意的回應。阿拉法特是我多年的老友，這次國民議會的決定，得來不易，也有反對和平的偏激份子想要去掉他，使到我們的運動分崩瓦解。這不單是阿拉伯的狂熱派，也包括以色列的極右派。一九八八年十一月的和平讓步後，以色列前任國防部長沙農就在義大利電視上，公開表示要殺死阿拉法特。而以色列特工確曾在去年穿越國界暗殺我們組織的領導人。我希望在一九八九年能有更大的國際壓力，使以色列答應和談。

# 南非

# 南非文學的緊急狀態

## ——訪南非詩人顧力力

一九三二年出生的南非詩人馬氏西・顧力力（Mazisi Kunene），為祖魯族裔，以祖魯語創作，同時自譯為英語。由於顧力力是南非黑人民權領袖曼德拉發起的「非洲民族黨」成員，且長期擔任倫敦辦事處負責人，故一直被少數白人政府壓抑，作品有三十年不能在南非結集出版；但至今仍被南非內外的評論界視為南非詩壇重鎮。在海外出版的詩集，有《祖魯詩鈔》（一九七〇年）、《沙卡大帝》（一九七八年）、《歲月之歌》（一九八一年）及《遠祖與聖山》（一九八二年）等。顧力力的詩，有十四首中譯，見索因卡編《非洲黑人詩選》（敦理版）。在南非歷史面臨分水嶺的時刻，詩人在百忙中抽空接受專訪，縱談南非文學與政治的轇轕，極具參考性。以下為專訪主要內容摘譯，一九九〇年二月十八日刊出。

## 作家可以重新轉回個人的想像世界

問：南非的政治現況和未來，在白人少數政府「無條件」釋放黑人領袖曼德拉之後，面臨巨大的變化。在四十多年來爲自由和平等的鬪爭中，不少知識分子和作家都曾積極投入。你認爲他們的參與有沒有影響？

答：有，而且影響很大。知識分子和作家的參與非常重要。他們扮演很重要的角色，尤其是早年的反抗運動。在這方面，黑人作家寫了不少戲劇、詩歌和小說來啓廸民衆。這些作品都非常「載道」和介入；也許今日看來，沒有藝術性可言，但自有其當時的現實意義。用英文寫作的作家也有很大的貢獻，因爲他們將南非的苦難呈現出來後，全世界懂英文的讀者都可以瞭解眞相。此外，英文作品對南非的白人讀者也有影響。不過，南非境內的作品經常被禁，有時眞是動輒得咎。查禁的情況有時荒謬絕倫，例如「黑色是美麗的」這句話就明文禁制，因爲「黑不可能是美麗的」。在長期的壓抑下，有不少地下的作品、沒有發表的作品、因爲有禁忌而在心中醞釀的作品，這些作品在「後種族隔離」時期，會大量湧現。我敢預言，在可見的將來，會有一段創作上的蓬勃期。更重要的是，不少作家的精力和時間都可以重新轉回個人的想像世界，因爲政治問題不再需要我們的積極介入。其實，最近一兩年來已開始有這個動向，因爲在文學和歷史的範疇，已有一些自費印刷出版的書籍。

## 流亡使我避開殘酷的現實

問：你和不少「非洲民族黨」（按：即曼德拉發起和領導的反抗組織）的成員都被迫長期流亡海外。能不能談談你被迫流放的過程？

答：我是一九五九年離開的。我們在倫敦發起一個「杯葛」運動，呼籲西方（尤其是英國）杯葛白人少數政治。那個時候不像今天，很多人連南非在那裏都不知道，關懷更談不上（和我一同發起運動的朋友後來被殺害）。我們在世界各地奔走，希望喚起注意。那個時候「非洲民族黨」尚在南非境內活動，不爲外界注意。我們在外面的活動在籌款上起了很大的作用。我們的活動是自願的，盡全力來幫助整個運動的擴展。現在不少國家都定期主動經濟支援「非洲民族黨」，例如荷蘭、法國和瑞典等；另外就是非洲國家的支持。到目前爲止，我在外流放三十一年，一直不能回去。

問：這麼長期的流亡，對你的創作有什麼影響？脫離自己的民族和泥土這麼久，會不會有逐步乾枯的感覺？

答：影響當然很大。可以分兩方面來講。簡單一點的說法是：流亡的過程迫使我接觸不同文化，開拓個人視野，豐富個人經驗。但另一方面，雖然長期和自己的土地民族隔離，但這種孤獨又迫使我重新思考自己的文化傳統；而且因爲有了距離，眼光較具批判和反省，這個角度是每日投身現實抗爭中不可能產生的。我的距離，今日回顧，對我的創作反倒是有益的，因爲除了上述兩點，我的流亡容許我不斷寫作，產量甚大。我投身於運動相當早，如果一直留在南非，不是下獄就是被殺。流亡反而容許我避開這些殘酷的現實，讓我創作不輟。

**用非洲的語言創作是我們的責任**

問：根據白人政府的法令，你的作品及任何文字都不能在南非出現。已經持續近四年的所謂全國「緊急狀態」近來略有鬆動，你的作品可有在境內出現？

答：我剛得到消息，政府在二月十五號已經撤消對我的作品的禁制。但過去一直在「禁制名單」上，也就是說，我的文字、聲音、照片都不能夠在南非出現。十五號的宣佈，解除了一百一十五人的禁制，但還有三百人左右在名單上。這個名單並不針對作家，而是包括所有反對種族隔離的活躍人物，當然最有名的就是下獄二十七年的曼德拉。由於這個禁制令，我的作品有三十年未曾在南非正式面世；反倒是國外的各種英文及其他文字選集，經常有我的作品。一九八九年應邀去日本開會，有人送我一部日譯本，才知道自己的詩有了日文本。對我而言出版與否，並不重要，能夠創作不斷才是最重要的。在我的情況，更不會去想什麼將所有作品結集問世。但我還是照樣在寫，因爲用我們自己非洲的語言去創作，就是很大的挑戰，甚至是責任。爲的是向外國人證明，非洲人是可以用自己的語言寫出非洲的現代文學。你大概也知道，有些西方評論家一直認定，非洲文學的創作還是得通過舊日殖民宗主國的語文傳統。我們有責任粉碎這種謬論。也許將來我們這一代會變得毫不重要，也許我們這一代是註定要被犧牲的先行者，也許我們只是將來那場大雷雨的雨種，但起碼我們盡了開路的責任。

## 西歐語系文學在非洲只是一段插曲

問：前些日子見到奈及利亞的著名詩人錢衞族（Chinweizu），他一再強調，非洲文學必須是非洲黑人作家創作的文學，非洲的少數白人作家不能包括在內。他在英美刊行的大型選集《二十世紀的非洲聲音》也嚴格落實這個原則，例如南非女小說家莉汀・葛蒂瑪就不收，另一位著名女作家貝絲・赫特（Bessie Head）就因爲是黑人而入選。目前南非既有白人英語文學，也有黑人英語文學，還有自荷蘭語系發展出來的南非白人獨有的南非非語（Afrikaans）文學，更不要說原有的祖魯語文學。這麼複雜的文學組合，是否能夠單以膚色來劃分？你對錢衞族的準則有何看法？

答：我不贊成單以膚色來界定非洲文學的領域。非洲文學不能單憑膚色或種族或文化體系來界定。我的看法是，在非洲五千年的文化傳統裏，雖然語系紛雜，但文學（尤其是口頭文學）一直是重要的環節。二十世紀非洲文學廣爲世界文壇認識的，往往是以英、法、葡語創作的作品。這些作品可說是西方強權入侵非洲的餘緒，基本上是西歐文學在非洲的另一種延續。過去有不少作家用這些歐洲語言創作，是可以理解的、不得已的歷史情況。但到今天，還有些人認定非洲作家得要繼續用這些外國語言創作。這個立場我就不能同意。如果今天的非洲作家仍然堅持用這些外國語言創作，而不認識到這些西歐語系文學只是非洲悠長的文學傳統裏一段揷曲或干擾，那麼我們祇能將這些作品劃入原有的西歐文學傳統。這好比美國的華裔英語作品，就祇能算是美國文學。你們中國文學史家不會把這些作品當作中國文學吧。但南非白人用他們自荷蘭語發展出來的獨特的「南非非語」（暫譯）文學，就得視爲非洲文學的一部分。因爲這個語系已不是荷蘭語，而是好幾種語言的混合；使用這個語言的南非白人（鄭按：白人總人口爲五百萬，黑人兩千六百萬）都認同非洲，自視爲非洲人，而且血統上也頗混雜。他們的語言自稱爲「Afrikaans」，就明顯地認同非洲。因此，對我而言，這個語言的文學是要納入非洲文學領域。由於這個語言的文學仍然很年輕（如果和非洲原有的文學傳統或中國文學來比較），雖然已有不少好作品，但還有待進一步的發展。目前在國際上受到重視的，有布林克（Andre Brink）、顧思（J. M. Coetzee）和詩人布瑞譚巴克（Breyten Breytenbach）等。

# 日本

# 通俗・嚴肅・日本文學

## ——訪小說家大江健三郎

一九三五年出生的大江健三郎（Kenzaburo Oe），是五十年代末期崛起於日本文壇的知名作家。曾以小說《飼養》榮獲一九五八年的芥川文學獎，後遍獲日本各大文學獎。小說已有十多種語文譯本，在法國及美國特受重視。一九八九年十月贏得歐洲共同市場國家聯合頒發的「Europalia」文學獎（獎金約合一萬一千美元）。大江健三郎先生在一九九〇年一月初來美訪問，承友人三好將夫教授協助，有多次接觸，並接受專訪。談話大致上環繞八十年代的日本小說，現摘譯主要內容。一九九〇年二月五日刊出。

### 嚴肅文學的寂寞

問：從海外的角度來看，八十年代的日本文學好像日益兩極化，通俗文學和嚴肅文學壁壘分明，而後者似乎逐步「沒落」，不像從前那樣既有讀者又有市場。不知道您對這個看法是否同意？

答：大體上是正確的。嚴肅文學是越來越寂寞。以我自己爲例，八十年代初一本小說通常有十萬册以上的銷量，目前則在三萬到七萬之間，大多數嚴肅的作品都在一萬册以下。嚴肅的文學其實平均是四、五千册的銷路，這種情況過去是沒有的。另一方面，通俗文學的市場並沒有縮減。村上春樹和吉本芭娜娜（吉本ばなな）都很暢銷，可見還是有人買書。村上春樹的《挪威的森林》就賣了三百五十萬册。吉本的幾本小說的銷路，恐怕合起來已有五百萬册吧。不過，老作家也有一些還能維持相當大的銷量，例如以歷史小說知名的司馬遼太郎。他的歷史小說在某些知識分子羣、大學教授和工商界人士還有吸引力。

## 村上和吉本的熱賣

問：照近期日本的暢銷書排行榜來看，村上春樹和吉本芭娜娜的熱潮一點沒有消退，老作家和中生代都無法匹敵？這兩位作家的「魅力」是什麼呢？

答：這兩位作家的吸引力大概可歸納成以下幾點。首先，他們的作品相當「煽情」。稍早我們談天時，你自己就指出這兩位作家筆下「唯美」但費解的自殺，是一個特點。一般年輕讀者當然不會自殺，但對這種「浪漫的」、愛情背景裏的自殺會震驚和迷惑。其次，村上的《挪威的森林》是翻炒六十年代，是對六十年代的學運和動盪的懷舊。這方面可能受到美國對六十年代懷戀回顧的影響（說起來也好玩，其實在六十年代，我的作品倒非常暢銷，也許和那個時候大家的思想探索有關吧）。對年輕讀者而言，透過村上也就可以「懷舊」。雖然他們其實都沒趕上那個時代的熱鬧。其三，這兩位作家的表達方式很直接、很簡單；特點是淺顯的思想加上甜蜜的感覺，也就是今年日本青少年的典型的寫照。這麼一來就互投所好了。其實現在日本的青少年一般的理解程度不高，村上的「披頭四」歌曲的運用差不多就是這類讀者的上限。最後就是兩位作家的文筆都很白，很好懂。對話、意象和描寫都是文字淺白，吉本尤其是這樣。這種寫法，對於看漫畫長大、靠映象養成的讀者，特別容易消化。這類習慣視覺文化的讀者大多數不能靜心閱讀細緻複雜的文學。吉本的讀者以少女漫畫的讀者爲主，目前購買這兩位作家的讀者絕大多數是高中生，頂多是二十出頭的青年。他們只看這兩個人的作品，不看其他作家，更不要說其他文學了。

日本評論界對這兩位作家揭示的文化、社會現象還未能完全掌握和解剖。有些比較年輕的評論家則將他們視爲文壇新星，評價還不錯。我個人的看法是，村上的作品還有些新意，要比吉本複雜一些，評論界目前對村上的社會意義較能理解。但一般而言，日本評論界對文化現象的社會意義，比較不懂得、也不會去評析。

**青年作家困境**

問：在村上和吉本之外，其他年輕作家的情況怎樣？能否靠寫作維生？

答：一般都很困難，因爲書的銷路有限。做些其他文字工作、替雜誌報紙寫些短稿是外快來源。另外就是到處去演講。這種演講酬勞較高，是項重要收入。不少青年作家就靠這個維持生活。但這種演講往往是做「秀」，亮相爲主，內容就其次了。

此外，目前的各項主要文學獎都有老化現象。得獎人年齡越來越大。例如目標是提拔新秀的「芥川文學獎」，得獎者近年來有三十、四十歲的。我得到這個獎的時候，是二十四歲。那個時候一般也是這個年齡的。文學獎的老化也反映在評審團上，我目前參加的文學獎評審團裏，往往是最年輕的一個，但我今年已經五十四歲了。我很希望在推動新作和發掘新人方面多費點力氣，也許我們應該爲嚴肅的青年作家辦個刊物，青年作家如果不能安心寫作，老去做「秀」，不是辦法。

## 女作家的興旺

問：八十年代的日本文壇似乎有個特色是過去沒有的，就是女作家的大量湧現和幾乎壟斷所有的文學獎。這個文學現象要怎樣解釋？

答：第二次大戰之後，日本婦女逐步投入社會，但過程十分緩慢。到了八十年代就普遍得多。日本女作家的興旺，可說是經過四十年的逐步成熟。今天，日本女作家在文壇上是舉足輕重的，她們的影響很大。目前男作家都有困境，就是寫什麼和怎樣寫的問題。但女作家比較容易克服這個難題，因爲她們要另創自己的文體、表達女性的感受、呈現女性的視境和看法。女作家早已成爲日本文壇的生力軍，爲日本文學開拓出新疆界。優秀的女作家並不純然走感性路線，她們都寫下不少知性、有力、發人深省的作品。在衆多女作家中，我個人特別推崇津島佑子、富國多惠子和大庭美奈子三位。其中津島的小說也許是最傑出的。我多年來出國都向國外友人推薦她，希望能有多一些翻譯，讓國外讀者認識日本文壇上一個重要聲音。

## 外國文學的影響

問：日本的現代文學曾經受到西方文藝思潮及作品的大力撞擊，例子不勝枚舉。當代的情形一般如何？八十年代的情況怎樣？

答：大體而言，八十年代是美國文學的捲土重來。比較熱門的是美國的「minimalism」小說，例如雷蒙・卡佛（Raymond Carver）的短篇小說（鄭按：這個流派的小說往往將人物、情節、描寫、甚至對話簡約至最低限度，而文體傾向直率明朗；或可譯作「簡約派」），這也許和村上春樹的譯介有關。但卡佛的簡約精鍊，其實又和村上的易懂好讀不一樣。至於七十年代，一般而言，外國文學並沒有什麼讀者，影響不大。六十年代則是美國文學的第一個熱潮。那時海明威、福克納、梅勒和史特朗都有讀者。我自己就都念過這些作家。五十年代則是存在主義的沙特和卡謬當道。戰後初期不少作家和知識分子都特別喜歡杜斯退也夫斯基和魯迅。這些作家大多是過去受到種種壓抑的。

**美國的通俗文化**

問：在普及上，美國的文學恐怕遠遠不及美國的大衆文化（如熱門音樂和美國電影）吧？

答：是的，這個當然。通俗文化產品當然要流行和暢銷得多。但依我看，日本的青少年並不見得自視爲抄襲模仿美國的流行文化產品，而是和美國青少年一同分享、分佔美國的流行文化。一方面這類文化是很容易消化的。另一方面，美國青少年都是戴著新力牌的walkman 在聽流行音樂。這是硬體和軟體的結合。但總的來說，在流行文化或次文化的層面，美國產品是主流。在其他文化層面，美國的影響也是主要的。因此，我們更需要加強認識日本文化，重尋日本文學的根。另外就是要加強認識其他亞洲地區的文學，到底這些國家和我們是鄰邦，例如中國、韓國、菲律賓等。另外就是歐洲。這樣可以比較平衡一點。我最近就大力推介鄭義的《老井》，寫文章之外，還促請出版社出書。你早些時告訴我鄭義在北京「六月四日」後被捕下獄，實在是很不幸的事情。

# 美國

# 一舉成名喜福會

## ——譚恩美訪談錄

Amy Tan 本名譚恩美，用英文寫作的美國華裔女作家，一九八九年三月下旬出版第一部小說《喜福會》（The Joy Luck Club）。這本書未出先轟動，已被美國「每月書會」及「優秀平裝書會」內定向會員推薦；並在正式出版前售出法、義、荷、德四種文字翻譯版權。美國主要報刊如《紐約時報》、《紐約時報書評周刊》、《時代周刊》、《新聞周刊》、《人物周刊》等，都在出書時立即發表評介文字。以下是一九八九年三月出書前與譚恩美的訪談摘錄，並同時評介及摘譯片段，一九八九年三月十六日發表。

問：先請妳介紹一下自己的家庭背景，好嗎？

答：我父親祖籍湖南，但在武漢出生，曾在天津住過。他是燕京大學工學院的畢業生。第二次世界大戰時，他在桂林工作，後來在盟軍的空軍部門工作。我父親是大家庭出身，一家有十二個小孩，所以到現在我還有不少親戚在臺灣、香港和大陸。我母親還和一些親友有聯絡，印象中有一些住在臺北，有一些在上海。

問：家裏還用中文嗎？妳自己可有唸中文？

答：我的教育全是英文，沒有唸中文。不過小時候母親和我說中文，是國語吧。長大一點後我們都用英文交談。

問：能不能談談早年的成長經驗？

答：我出生的時候，父親已經移民美國，而且改變很大，在加州 Fresno 當牧師，外國朋友很多，不過在 Oakland 的唐人街還有不少華裔朋友。後來全家搬到郊區，鄰居全都是美國人。大概我在少女時期就已經很美國化，生活和想法都和美國同年齡的孩子一樣。這可能是羣體壓力吧。寫這本小說，在另一個層次上，也許可說是我自己的尋根。

**湯婷婷的《女鬥士》可一不可再**

問：這部小說是否半自傳體？和現實生活經驗可密切？

答：不，完全是虛構。有些事情、意象、情境和背景當然是取材自現實，是眞的，但都轉化和加工。而且，很奇怪的是，我寫的時候，情節都很自然地流出來。寫第一稿的時候沒有什麼計畫，不知道會怎樣結尾。如果有什麼「自傳」成分，那大概祇有在深層裏的感情。

問：有沒有唸過其他用英文寫作的美國華裔作家？有什麼看法？

答：大概在一九七八年，朋友送我一本湯婷婷的《女鬪士》，是我第一次讀美國的華裔作家。我不能認同她筆下的經驗，因爲背景不同。她寫的是唐人街老華僑家庭，還把她的經驗「神話化」。我的意思是，她用了些中國神話作架構，然後把華僑經驗掛上去。對我來說，這不是一個可以學習的榜樣。這類作品大概可一不可再吧。此外，我還讀過一點 Frank Chin（趙健秀）。他和湯婷婷很不同，抗議性很強，是唐人街的憤怒青年。最近又讀了一本小說集，叫《Ancient Melodies》（古歌集），也是女作家的作品……

**對美國主流作品無認同感**

問：妳說的這本書，作者就是住在英國的凌叔華吧？不過，她是道地的中國作家，二十年代就在中國成名。妳喜歡這本書嗎？

答：非常喜歡。我覺得非常精彩。她寫的內容是中國舊式大家庭，不是我經歷過的生活，但讀來另有一種親切感，也許因爲和我聽到的自己的家庭背景接近。

問：身爲少數民族，又是女性，在美國用英文（雖然是母語）來創作，是否有邊緣之感？

答：開始寫作時，認爲自己是美國人，寫不來美國的華裔經驗，所以寫過別的經驗，但不眞。後來構思和寫這本系列短篇組成的小說時，從來沒想到出版，只想讓自己的感受發散出來。寫這本書時，很多童年、少年的經驗都不斷回到腦中，都是從前早就忘了的。後來連很多聲音和對話都會想起來。至於邊緣感，確實有一點。但似乎並不是我自己的經歷有什麼特別。主要是目前美國的主流作品，我沒有認同感。我過去一直都是被「同化」的，對主流很清楚；因此現在回看，就很清楚自己不是在主流裏。我想這和兩個文化之間的身分問題無關。但是，再怎樣「同化」，也許還有一點「不同」，到底華裔的社羣比較強調家庭和集體。美國白人社會一般還是比較個人主義。

## 附錄一：譚恩美的《喜福會》

一九七五年美國的華裔女作家湯婷婷（Maxine Hong Kingston）出版第一部書《女

鬪士》，一舉成名，風行十多年而不衰。這部書其實是半自傳體的小說，但當年卻以「非小說類」的自傳促銷，大概是想用「眞人眞事」來吸引讀者。

《女鬪士》寫的自然是唐人街經驗，而以女主角的成長過程爲主線。如果以「成長小說」的類型來看這部書，從技巧到內容，都不能算是突出。能夠暢銷一時，大概要歸功於作者擷取中國傳統風俗、傳說、民間文學的「雜碎」本領。湯婷婷從母親輩聽來的放飛劍女俠的故事，對於特好獵奇、偸窺東方神秘的洋讀者，也許非常新鮮，但對眞正的中國讀者，或會有嚐到美國「雜碎」之感。

和《女鬪士》相比，譚恩美（Amy Tan）的第一部小說《喜福會》（The Joy Luck Club）雖然也是唐人街的中國菜，但絕對不是老式「雜碎」。小說圍繞著幾對三藩市華裔母女，以她們生命中無法忘懷的際遇爲焦點。母親的故事共有兩組，女兒的故事也有兩組；因此，全書其實以四個故事組成，合而觀之方得全貌，但個別欣賞似也未嘗不可。這個系列式結構使到全書的情節略異於一般長篇的直線推展，而以人物的糾纏交葛成爲統一框架。但母親和女兒的個別故事大體上都以主要角色的聲音和觀點來敍述，因此文體風格雖無甚差異，敍述者的身分不斷輪換，間接造成對比對立的效果。

這部小說裏的母親都在中國出生和成長，也都經歷現代中國的戰亂、顚沛、流離，最後就像不少當代華人，在放逐新大陸後，努力去適應一個迥異的環境和文化。這個新移民的流亡經驗，自然不同於湯婷婷或趙健秀（Frank Chin）筆下的唐人街世界，因爲中國現代歷史的迴響不斷，而舊時家國早已「天翻地覆」，面貌不可辨識。

這部小說裏的女兒都在美國成長和受教育，因此都相當獨立。雖然她們的母親都竭盡心力要灌輸傳統觀念，要維持一點中國原有的行爲規範，最後都心勞力絀，放棄她們無望的掙扎。有些女兒表面順從，但其實是出於憐惜和親情，而不是理性的接受。其中一個女兒就說：「我母親從來沒有理解過我，我也從來不理解她；我們一向都是翻譯對方的意思。我和她說英文，她跟我說中文。」但另一方面，這羣母女的齟齬、折衷、摸索及協調，又未嘗不可喩意地視爲新舊大陸、東西文化、長幼兩代之間的鴻溝、矛盾、距離和衝突。也許超越這一切的只有母女之間與生俱來的親情，而也許正是這種母女關係的羣像，使得這部小說能夠擺脫唐人街社會的殊性，可以引起比較廣泛的共鳴。

一般而言，這部小說的敍述策略相當傳統，沒有標新立異的實驗；但作者平淡素樸的敍述，無意中反倒彰顯出這些歷史陰影裏的複雜關係及豐富感情，使得注意力更爲集中。然而，小說的文字卻不時在表面簡單的白描裏，暗藏反諷，構成另一種張力；例如一九四九年幾位母親流亡美國，每周聚會打麻將談雜事，但又自稱「喜福會」，是個特別明顯的例子。

在這部《喜福會》之前，譚恩美只發表過一則短篇。近日在幾個刊物上發表的作品，其實都來自《喜福會》。在美國日前極爲龐大的小說生產量中，一個少數民族作者的第一部小說，竟能得到著名的文學出版公司 Putnam 的青睞（正式出書日期爲一九八九年三月二十二日），又獲美國「每月書會」及「優秀平裝本書會」預先內定爲向會員推薦的「副選」（這項消息來自《出版周刊》），堪稱異數。至於美國文壇主流派的反應，則尚待未來幾個月會出現的書評，才能作進一步的判斷。

## 附錄二：中國的秀蘭・鄧波兒

我母親相信，在美國，只要肯幹，沒什麼事幹不成的。可以開館子，可以當退休金豐厚的公務員，可以幾乎不用頭款就買房子，可以發大財，可以隨時成名。

「當然，你也可以當神童。」我九歲的時候，母親這麼說：「你可以當個最好的什麼之類。林度阿姨懂得什麼？她那個女兒，只不過是最狡猾。」

美國是母親全部希望的寄託。一九四九年她來三藩市的時候，在中國喪失了一切：父母、祖宅、原來的丈夫和孿生女嬰。但她從來不回顧，不抱怨；日子總是會好起來的。

要當那一種天才兒童，倒沒有馬上選好。起初母親認爲我可以當個中國的秀蘭・鄧波兒（譯按：舊日好萊塢著名童星）。電視上有她的舊片，母女倆全神貫注，當作訓練。母親在節骨眼還會推推我，說：「你看，你看。」我看到的是鄧波兒跳踢踏舞，唱水手歌，或是嘴唇鼓成圓形來說句「噢，老天。」

「你看，」母親說，電視上鄧波兒在掉眼淚，「你全都懂的，哭哪用天才！」

沒多久，母親很來勁，帶我去密遜區一家美容學校，找了個學徒弄我的頭髮。學徒剪刀都拿不穩，結果一頭直髮成了參差不齊的皺毛堆，而不是鬆肥的髮鬈。回到家，母親立刻替我洗頭，想洗直頭髮。

「頭髮捲成那樣，簡直是黑人。」她怨嘆道，好像是我故意弄的。

美容學校的師傅結果要猛下剪刀，去掉溼漉漉的髮球，才能把頭髮弄齊，還向母親保證，「小飛俠髮型現在很流行呢。」結果我的頭髮短得像男孩，可是眉毛上兩吋吊著幾束髮鬈。我喜歡這髮型，因爲未來的名氣有盼頭了。

其實，起初我大概還比母親要興奮。滿腦子都是我的各種天才形象，一下子是嬌柔的芭蕾舞童星，站在幕旁，音樂一響就要飛躍出去；一下是馬槽裏的聖嬰，抱出來時大哭大鬧；一下是灰姑娘，在高昂的卡通音樂裏走下南瓜馬車。

在所有的想像中，心裏一直認定，很快就會十全十美；父母親都會引以爲榮，什麼毛病都挑不出來；再也不用發脾氣，或者吵鬧要東西。……

（學鋼琴不久後）老師和母親就秘密商議，要安排我在教堂的才藝表演亮相。那時家裏存夠錢，買了部二手鋼琴，是黑色的老式小方琴，板凳都是刮痕。鋼琴自然是亮在客廳。要我演奏的是舒曼「童年雜憶」裏的曲子，叫「小孩的懇求」。簡單而憂鬱的曲子，聽起來比實際彈的時候困難。我得背下整個譜。不過我老不專心，彈一下就偷看，也從來沒有仔細聽自己的琴聲；老是做白日夢，在別處成了另一個人。

我最喜歡練習的是歐洲的鞠躬禮，先伸右腳，用腳尖輕碰地氈上的玫瑰，然後側轉，彎下左腿，同時臉朝上，帶著微笑。

父母邀請了他們認識的所有夫婦來看我的首演。……輪到我的時候，我是信心十足的。童稚的興奮我還記得。就好像我眞的相信自己有天才的一面，絲毫不怕，全不緊張。腦子裏只想著，終於要上場了！……我穿的是白禮服，上面罩著很多層紗，小飛俠頭髮上結了個粉紅絲蝶結。坐下來的時候，想像著聽衆站起來鼓掌，電視才藝表演節目主持人愛德・蘇利文衝上來介紹我。

我開始演奏，一切都那麼美。我一直陶醉在自己可愛的扮相，完全沒顧慮到琴音。第一個怪音出現時，不禁吃了一驚。跟著又來一個，隨後再來一個。頭皮開始發冷，接著向下滲。可是我沒有停，雙手好像中了蠱。一直以爲手指會自動修正，就像火車開回正確的路軌。但這堆雜聲就一直奏到尾，怪音沒停過。

站起來時才發現雙腿發抖。也許我只是緊張；也許聽衆就像我的鋼琴老師，都看到我的正確動作，沒聽出什麼錯誤。我伸出右腳、彎下膝，臉朝上，微微一笑。除了鋼琴老師笑容滿面在連聲叫好，一片寂靜。跟著我看到母親的臉很蒼白，聽衆的掌聲微弱。走回座位時，整張臉震顫，因爲不想哭出來；聽得到一個小男孩大聲向他母親耳語：「眞難聽啊。」那位媽媽低聲回說：「她總算敢上臺呀。」

現在我才發現聽衆有多擁擠，好像全世界的人都到了。我感到目光直燒進我的背。父母親直挺挺坐完其他表演；他們的羞慚可觸可感（本節譯文爲求獨立完整，曾略作刪節調整）。

# 三民叢刊書目

1. 邁向已開發國家　孫　震著
2. 經濟發展啓示錄　于宗先著
3. 中國文學講話　王更生著
4. 紅樓夢新解　潘重規著
5. 紅樓夢新辨　潘重規著
6. 自由與權威　周陽山著
7. 勇往直前　石永貴著
8. 細微的一炷香　劉紹銘著
9. 文與情　琦　君著
10. 在我們的時代　周志文著
11. 中央社的故事(上)　周培敬著
12. 中央社的故事(下)　周培敬著
13. 梭羅與中國　陳長房著
14. 時代邊緣之聲　龔鵬程著
15. 紅學六十年　潘重規著
16. 解咒與立法　勞思光著
17. 對不起，借過一下　水　晶著
18. 解體分裂的年代　楊　渡著
19. 德國在那裏？(上)(政治、經濟)　郭恆鈺・許琳菲等著
20. 德國在那裏？(下)(文化、統一)　郭恆鈺・許琳菲等著
21. 浮生九四　蘇雪林著
22. 海天集　莊信正著
23. 日本式心靈　李永熾著
24. 臺灣文學風貌　李瑞騰著
25. 干儛集　黃翰荻著
26. 作家與作品　謝冰瑩著
27. 冰瑩書信　謝冰瑩著
28. 冰瑩遊記　謝冰瑩著
29. 冰瑩憶往　謝冰瑩著
30. 冰瑩懷舊　謝冰瑩著

三民叢刊31
# 與世界文壇對話
鄭樹森　著

本書收錄二十四篇專訪，作者以比較文學博士的豐富學養，深入分析報導當代世界文壇的趨勢和動態，在清楚掌握世界各地的文學發展之餘，反省本土文學，並期在原有基礎上更向前邁進。

三民叢刊32
# 捉狂下的興歎
南方朔　著

「捉狂」是這個時代的浪潮，「興歎」是剔除糟粕的膽識與能力。媚俗的年代有不媚俗的聲音，看南方朔如何在知識份子充滿機會主義的價值錯亂和譁眾取寵的時候，替未來的自由公民開道。

三民叢刊33
# 猶記風吹水上鱗
余英時　著

本書以紀念錢賓四先生的文字為主，賓四先生為一代通儒，畢生著作無不以重發中華文化之幽光為志。透過作者的描述，我們不僅能對賓四先生之志節與學術有深入的認識，並對民國以來學術史之發展有一概念。

三民叢刊34
# 形象與言語
李明明　著

藝術是以形象代替作者的言語，而在形象與言語之外，仍還有其他種種相關的問題。本書作者從藝術與時代、形式與風格、藝術與前衛、藝術與文化五個方面剖析西方現代藝術，使讀者能對藝術品本身及其相關論題有一完整的認識。

三民叢刊35

# 紅學論集

潘重規 著

本書爲「紅學論集」的第四本。作者向來主張《紅樓夢》一書爲發揚民族大義之書，數十年來與各方學者論辯，更堅定其主張。本書爲作者歷年來關於紅學討論文字的總結之作，也是精華之所在。

三民叢刊36

# 憂鬱與狂熱

孫瑋芒 著

輕狂的年少，懷憂的中年，從鄉下的眷村到大都會的臺北，從愛情到知識，作者以詩意的筆調、鋪陳豐饒的意象，表現生命進程中的憂鬱與狂熱。以純藝術表現出發，而兼及反應社會脈動，不但樹立了獨特的個人風格，也爲散文藝術開拓了新境界。

三民叢刊37

# 黃昏過客

沙究 著

「爲樸素心靈尋找一些普通相的句子」沙究在獲得時報短篇小說推薦獎時曾對他的寫作有如是的感言，他的作品就是最好的實踐。本書將帶領您從浮生衆相中探索人類心靈的面貌。

三民叢刊38

# 帶詩蹺課去

徐望雲 著

我們都或多或少的讀過現代詩，但對現代詩的了解卻很少，於是許多譁衆取寵的文字便假借現代詩的名義出現，讓「詩人」成爲一種笑話。本書以輕鬆的筆調、嚴肅的心情，引導讀者更接近、更了解現代詩。

國立中央圖書館出版品預行編目資料

與世界文壇對話／鄭樹森著.--初版.
--臺北市：三民，民80
面；　　公分.--(三民叢刊;31)
ISBN 957-14-1828-5 (平裝)

1. 文學—傳記

781.054　　　　80003502

 與世界文壇對話

著　者　鄭樹森
發行人　劉振强
出版者　三民書局股份有限公司
印刷所　三民書局股份有限公司
地址／臺北市重慶南路一段六十一號
郵撥／〇〇〇九九九八——五號
初　版　中華民國八十年十月
編　號　S 81060
基本定價　貳元捌角玖分
行政院新聞局登記證局版臺業字第〇二〇〇號



ISBN 957-14-1828-5 (平裝)